NATIONAL GEOGRAPHIC

美国国家地理全球史

亚历山大帝国

Alexander's Empire

美国国家地理学会 编著 袁姗姗 译

中国出版集团 现代出版社

目　录

插图（第2页）　罗马时代的亚历山大大帝半身像，制作于公元2世纪。现藏于罗马国家博物馆马西莫宫（Palazzo Massimo）。

插图（第4—5页）　庞贝（Pompéi）古城农牧神之家镶嵌画上的伊苏斯战役场景，根据公元前4世纪埃雷特里亚的菲洛克斯诺斯（Philoxène d'Érétrie）的画制作。现藏于那不勒斯国立考古博物馆。

插图（左侧）　罗马时代的大理石复制品《自杀的高卢人》（Gaulois Ludovisi），根据帕加马的希腊原作制作。现藏于罗马国家博物馆阿尔滕普斯宫（Palais Altemps）。

概　述

亚历山大大帝（Alexandre le Grand）的诞生深刻改变了古代世界，特别是古典时期希腊的风貌。年轻的国王克服了造成希腊分裂的对立和冲突，仅用几年时间就将他的祖国马其顿的权力扩展到整个近东地区。亚历山大大帝率领一支作战英勇的军队，征服了曾经受波斯管辖的埃及到印度北部在内的广大地区，并将希腊文化传播到那里。在亚历山大大帝离世后，这片广大的帝国被他的继业者们分割，而这些继业者中没有一个人的英雄气概和雄心壮志可与其比肩。由于亚历山大大帝的丰功伟业，他在巴比伦突然离世不久，便被升格为传奇人物：他不仅成为希腊时代最后一位伟大英雄，甚至如他所愿地成为半神。亚历山大大帝的几千公里胜利征途书写了希腊历史上最宏大的史诗。在亚历山大大帝去世后，不论是在埃及的亚历山大里亚，即他的陵墓所在地，还是在希腊的其他新兴城邦，希腊文化都经历了一个新的黄金阶段。众多国家的领袖，从尤里乌斯·恺撒（Jules César）到拿破仑，都对亚历山大大帝抱有崇高的敬意；描写亚历山大大帝的功绩和威信的篇章，塑造出古代甚至可以说全球史上最有魅力的人物形象。本书将通过亚历山大大帝的事迹和功绩精确再现他的生平、他伟大的历史成就，以及帝国在后继者们的征伐中如何分崩离析。经过几十年的征战，亚历山大大帝的继业者们缔造了新的王国，这些王国最终被罗马征服。在这个极具重大历史意义的时期，在连绵不绝的战争氛围中，可以观察到一个世界性帝国的兴衰。总之，这个丰富、动荡又极具戏剧张力的时代，被那些以悲剧告终的伟大人物所左右。

插图（第8—9页）　艾菲索斯（Éphèse）的塞尔苏斯（Celsus）图书馆正立面，具有最纯粹的希腊风格（公元110年—公元135年）。

插图（左侧）　根据老普林尼（Pline l'Ancien)记载，这座《法尔内塞公牛》（Taureau Farnèse）雕塑是特拉勒斯的阿波罗尼乌斯（Apollonius de Tralles）和托里斯克（Tauriscus de Tralles）兄弟的作品，是罗得岛（Rhodes）的希腊风杰出作品。该雕塑发现于罗马的卡拉卡拉（Caracalla）浴场，现藏于那不勒斯国立考古博物馆。

马其顿国王腓力二世

　　腓力二世半身像，罗马时代的大理石复制品，原作为公元前4世纪希腊时代作品。现藏于罗马梵蒂冈博物馆。

　　插图（右侧） 维尔吉纳（Vergina）第二座皇家陵墓出土的金质牌饰，现藏于维尔吉纳考古博物馆。

马其顿国王腓力二世

腓力二世（Philippe Ⅱ）上台时，正值马其顿多条战线作战失利。腓力二世对军队进行了彻底改革，创建了职业军队，采用新战术和新型武器，使马其顿王国拥有了当时最强大的军事实力。在位的二十三年里，腓力二世控制了整个希腊，为其子亚历山大建立伟大帝国奠定了基础。

公元前 356 年，亚历山大出生于马其顿王国的首都佩拉（Pella），是国王腓力二世和王后奥林匹亚丝（Olympias）之子。奥林匹亚丝是伊庇鲁斯地区（Épire）摩罗西亚（Molosses）王国的公主，其父为涅俄普托勒摩斯一世（Néop-tolème Ⅰer）。年轻的亚历山大还因拥有将自己与著名的希腊英雄联系到一起的神秘血统而感到自豪：母亲的家族可以追溯到涅俄普托勒摩斯，传说他是荷马史诗中的英雄阿喀琉斯（Achille）之子；父亲这一脉则属于阿吉德王朝（Argéades），

腓力二世统治下马其顿的扩张之路

腓力二世组建了一支职业军队，开创了新的方阵，并配备了新型兵器萨利萨长矛。腓力二世打败了觊觎马其顿王位的对手阿尔加乌斯二世（Argaios Ⅱ），随后与雅典签署和平协议。从此，腓力二世开始了闪电般征服整个希腊的步伐。

公元前359年末，马其顿军队击溃了派奥尼亚（Péonie）国王吕西乌斯（Lycceios）的部队。公元前358年，马其顿军队打败了伊利里亚国王巴蒂利斯（Bardylis），攻占了伊利里亚（Illyrie）的领土。随后，腓力二世发动了第一次色萨利（Thessalie）战争，夺取了蕴藏金矿的潘盖翁（Pangée）高地。公元前357年春，腓力二世攻打安菲波利斯（Amphipolis）。这场战役后，腓力二世来到了萨摩色雷斯（Samothrace），正是在那里遇到了后来成为王后及亚历山大生母的伊庇鲁斯公主奥林匹亚丝。公元前356年，福基斯（Phocide）、色雷斯（Thrace）、伊利里亚和派奥尼亚与雅典联合阻击马其顿。作为反击，腓力二世派帕门尼翁（Parmenion）率军击退伊利里亚。然后，腓力二世很快占领皮德纳（Pydna）和波蒂迪亚（Potidée），降服色萨利，成为那里的执政官。至此，过去受雅典保护和属于雅典联军的众多沿海城邦，都归降了马其顿。十五年里，马其顿军队为了拓展疆域而征战不断，采用了武力与外交手段并行的战略。公元前346年，雅典与马其顿签署《菲洛克拉底（Philocrate）和约》，马其顿被推举为希腊城邦的盟主以及对抗波斯的统帅。马其顿与波斯帝国[1]签署了一项协议，巩固了马其顿在色雷斯的地位。公元前339年，雅典与底比斯（Thèbes）联合进攻马其顿，次年在喀罗尼亚战役（bataille de Chéronée）中大败于腓力二世。腓力二世联合除斯巴达（Sparte）以外的所有希腊城邦，成立了科林斯（Corinthe）同盟。在对抗波斯帝国的战争中，马其顿国王腓力二世成为盟军最高军事统帅。

他们是宙斯（Zeus）英勇善战的儿子赫拉克勒斯（Héraclè）的后代。

奥林匹亚丝是腓力二世的第四任王后，在此之后腓力二世还经历过三次婚姻（马其顿国王普遍一夫多妻）。联姻首先是出于政治目的，旨在与周边国家维持和平，以及为王国诞下继承人。腓力二世与奥林匹亚丝的结合也是出于上述原因。腓力二世意图以联姻维系马其顿与好战的西方邻国伊庇鲁斯王国（摩罗西亚王国）的和平，然而这并不排除婚姻早期这对夫妇间曾有过浓烈的爱情。奥林匹亚丝是一位个性奇特的女性，性格强

---

[1] 原文为波斯帝国。——译者注

多瑙河

奥德索斯
（瓦尔纳）

黑海

公元前
339年

卡比拉

阿波罗尼亚

公元前
335年

奥夫罗斯河　菲利波波利斯

色雷斯

公元前
342年

公元前
340年

拜占庭

派奥尼亚

公元前
344年

伊利里亚

利奇尼多斯

派奥尼亚

公元前
356年

佩拉哥尼亚

赫拉克勒斯

马其顿

佩拉
（萨洛尼卡）　安菲波利斯

阿布德拉　马罗尼亚

贝安特

马尔马拉海

卡地亚

基齐库斯

弗里吉亚

公元前
358年

伊庇鲁斯

迪翁

皮德纳
波蒂迪亚

拉里萨

哈尔基季基半岛

奥林索斯

萨索斯

利姆诺斯

阿拜多斯

帕加马

公元前337年—
公元前334年

公元前
353年

色萨利

公元前
353年

尤比亚

爱琴海

莱斯沃斯岛

波斯帝国

阿卡纳尼亚

福基斯

喀罗尼亚（公元前338年）

埃雷特里亚

凯法利尼亚岛

底比斯

雅典

桑特岛

科林斯

斯巴达

腓力二世的军事行动
亚历山大的军事行动
战役
围城战
马其顿
腓力二世的出征路线

势且固执。奥林匹亚丝加入了神秘的狄俄尼索斯（Dionysos）崇拜仪式，而且对儿子有一种过度的保护欲。在亚历山大大帝去世后的几年间，奥林匹亚丝曾一度获得无上的权力，但不久便以悲剧告终。腓力二世为马其顿王国巩固统治和开疆拓土，而亚历山大自出生起便被视作王国未来的继承人。

　　腓力二世通过战争和灵活的手腕插手希腊内部的争端，仅仅几年的时间便让马其顿成为当时的霸主。凭借强大的军队和外交才能，腓力二世成为伯罗奔尼撒（Péloponnèse）半岛赫勒斯滂（Hellespon，意为赫勒的海）海峡毋庸置疑的政治仲裁者。亚历山大在幼年和少年时期见证了马其顿王国惊人的扩张速度。

腓力二世：野心勃勃的领导人

腓力二世生于公元前382年，是马其顿国王阿敏塔斯三世（Amyntas Ⅲ）的第三子。在兄长佩尔迪卡斯三世（Perdiccas Ⅲ）去世后，其子阿敏塔斯四世（Amyntas Ⅳ）尚且年幼，腓力二世因此成为摄政（régent）。公元前359年，佩尔迪卡斯三世和4000名士兵在与伊利里亚的对战中阵亡后，马其顿外有敌国压境、内有王室操戈，腓力二世便在这极端危急的时刻上位了。

当时，26岁的腓力二世不仅保住了王位还巩固了王权，强化了王国的统一，开拓疆域，令王国繁荣昌盛。腓力二世的第一个举措便是组建一支职业化的军队，不仅装备精良且纪律严明。在位于维奥蒂亚（Béotie）的底比斯（Thèbes）做人质的三年里，少年腓力曾受过底比斯将军佩洛皮达斯（Pélopidas）和伊巴密浓达（Épaminondas）的军事教育。当时，这两位军事领袖的方阵，曾在留克特拉（Leuctres）战役中重创斯巴达的战无不胜的重装步兵。

腓力二世改良了马其顿军队的组织和装备。他开创了新型方阵，士兵们排列紧凑并配备萨里萨长矛（一种长约5米的矛），在其侧翼搭配强大的骑兵或者轻步兵部队，后者是持圆形或新月形小盾的佩尔塔斯特（peltastes）或精锐步兵（hypaspistes）。腓力二世为军队配备了在围城战中具有至关重要作用的新型攻城武器。

马其顿军队由骑兵团和辅助部队构成，包括大约2万名步兵和8000名士兵。为了扩张领土，腓力二世率领这支军队征战四方。他首先攻打色雷斯（Thrace）和伊利里亚，随即抢占了蕴藏丰富金银矿藏的潘盖翁山（Mont Pangée），为供给军队、收买对手和国家改革提供了丰厚的资源。当地的金银矿估计每年可产出1000塔兰同[2]（talent）左右，几乎等同于雅典在其巅峰时期自海洋帝国获得的利润。

此外，腓力二世还强化了君主与马其顿贵族的联系，而这些贵族在过去往往反抗王室。在骑兵团，腓力二世通过授予他们宰相或伙友骑兵（hetairoi）等头衔以确保获得他们的支持。另外，腓力二世把贵族子弟作为国王侍从召入王宫，以便教育和控制他们。腓力二世懂得如何取缔潜在敌手，也懂得如何联合和奖励盟友。

[2] 塔兰同（talent），古代苏美尔和古希腊的重量单位。1塔兰同约为26千克。——译者注

在腓力二世的统治下，马其顿的领土扩张和社会稳定都达到新的高度。公元前356年是特别辉煌的一年。这一年，腓力二世终于有了继承人；他登基为王，不再是阿敏塔斯四世的摄政；他在萨索斯岛（Thasos）上建立克雷尼德斯（Krénidès）城邦，并以自己的名字将城邦命名为腓立比（Philippes）；还在奥林匹克运动会中取得了马术比赛的胜利。

城邦和科林斯同盟

腓力二世数次从希腊城邦之间的对立中获利，他首先介入了哈尔基季基半岛（Chalcidique）与色雷斯的事务。雅典在这些沿海城邦建立殖民地并从中获得商贸利润，但自伯罗奔尼撒战争后城邦之间便纷争不断。腓力二世支持奥林

青年亚历山大

青年亚历山大骑马雕像，现藏于佩拉考古博物馆。

下图 印有马其顿王国腓力二世肖像的货币。

索斯（Olynthe）对抗雅典及其联军。公元前357年，腓力二世攻下了雅典重要的殖民地安菲波利斯（Amphipolis），打通了通往色雷斯之路。在哈尔基季基半岛，腓力二世先是于公元前356年攻占了波蒂迪亚（Potidée），随后征服了墨托涅（Méthone）。

腓力二世继而入侵前同盟奥林索斯城邦，在攻下城市后将所有居民贬为奴隶，并于公元前348年左右最终摧毁了城市。随即，腓力二世踏上了受其威胁而俯首称臣的色萨利（Thessalie）的土地，巧妙而果断地参与了历史上的"第三次神圣战争"。迫于马其顿军队的威势，以德尔斐（Delphes）圣殿之主自居的腓尼基人不得不放弃了圣殿。作为回馈，腓力二世成了这个城市的保护人。

在演说家德摩斯梯尼（Démosthène）的刺激下，马其顿军队对中希腊的入侵和腓力二世贪得无厌的野心激怒了雅典人和底比斯人，后者于公元前339年对马其顿宣战。雅典-底比斯联军与腓力二世的马其顿军队在位于维奥蒂亚的喀罗尼亚（Chéronée）短兵相接，随后大败而归。

雅典人与底比斯人认为希腊城邦受到专制君主的威胁，而这场战役事关希腊各城邦的自由。对战双方各派兵3万名左右，进行了殊死搏斗，双方交战激烈。马其顿骑兵团进攻雅典-底比斯联军右翼，并在前方阵线打出一个缺口后扭转了战争局势。在亚历山大的带领下，训练有素的伙友骑兵重创了底比斯圣战队。底比斯由300名（150对少年爱侣）士兵组成的圣战队进行了英勇无畏的战斗，宁可战死也毫不退让。这场进攻决定了战争的结果，给年仅18岁的亚历山大带来了荣誉，但战争中很多雅典人和底比斯人或被杀死或被囚禁。腓力二世对战败方表现得宽宏大量，并没有对雅典人和底比斯人展开过分的报复，但是后者必须接纳被流放者和缴纳高额贡赋，并且接受马其顿在城邦内驻军。

这场军事胜利体现了马其顿的实力，远超希腊当时两个最强大的城邦。在更遥远之地的斯巴达，这个人烟稀少且骄傲的与世隔绝的王国，仍未能从留克特拉（Leuctres）战役（公元前371年）中复原，而它既未参战也未参与缔结后来的和平协定。

应腓力二世的要求，希腊各城邦为协商通用于希腊城邦的和平协定而聚集于科林斯（Corinthe）。《和平公约》（Koinéeirene，希腊语）的维持需要交由一个联邦委员会（synedrion）监督。若与外国敌对势力开战，身为盟主的马其顿国王将担任总指挥（hègémôn）。科林斯同盟的建立确立了马其顿在联盟中至高无上的地位，担任仲裁者之职并确保联盟的运行。至于从前的强者斯巴达，则遭受蔑视并被排除在和平协定之外。

复仇的准备

腓力二世建立《和平公约》的外交建议源自演说家伊索克拉底（Isocrate）的思想。这个协定的目的旨在彻底终结希腊城邦间的内战，所有城邦军队从此只用于对付他们永远的敌人——波斯。

协定的成员国高呼"复仇"和"自由"，其中"复仇"针对的是进犯希腊、破坏神庙的波斯人，而寻求"自由"的是受缔结于公元前 386 年的《大王条约》[3] 约束和奴役的希腊岛屿和人民。

获得强有力的政治支持后，腓力二世从此取得了穿过赫勒斯滂海峡的自由，并将他的帝国延伸到亚细亚。腓力二世率领马其顿和希腊联合军队向昔日不可一世的波斯帝国复仇，并成为不可战胜的泛希腊联盟的领袖。然而，顽固的狄摩西尼（Démosthène）和其他一些雅典人却担心马其顿会实施暴政。有些事实无法被轻易遗忘，他们始终认为，尽管马其顿政府努力希腊化，但马其顿人却始终是一个粗野的、未受教育的牧民民族，而且马其顿在第二次波希战争中充当了波斯的盟友。

然而，马其顿国王腓力二世并没有成为和平的缔造者，而是作为不择手段的征服者不断加强他的枷锁。腓力二世利用希腊城邦内部的矛盾，通过军事力量和外交手腕成为仲裁者和天命领袖，并弱化了各个城邦的自主性。公元前 337 年初，在腓力二世的要求下，科林斯同盟授予其全权，并向波斯宣战。腓力二世成为希腊的霸

---

[3] 此处意指波斯国王安塔尔薛西斯二世（Artaxerxès Ⅱ）。《大王条约》又称为《安塔尔基达斯条约》，以战败的斯巴达将军的名字命名。——译者注

亚历山大的密友——赫费斯提翁

马其顿的亚历山大与赫费斯提翁（Héphestion）的友谊可媲美他对诸神和英雄的虔诚。马其顿贵族阿敏塔斯之子赫费斯提翁是亚历山大在米埃扎（Miéza）时的玩伴和伴读，他们师从亚里士多德学习，一起练习骑马和兵器。赫费斯提翁曾追随亚历山大出征亚细亚。

亚历山大和赫费斯提翁两人一起度过了青少年时期。在喀罗尼亚战役中，亚历山大担任马其顿骑兵团的指挥，两人并肩作战。两人的关系在特洛伊时表现分明：当亚历山大在衣冠冢前凭吊他的传奇祖先阿喀琉斯时，赫费斯提翁则向后者的恋人帕特洛克罗斯致敬。大流士三世之母西绪甘碧丝（Sisygambis）曾因混淆了亚历山大和赫费斯提翁而向后者拜倒，亚历山大则称朋友与自己不分彼此。亚历山大在苏萨城迎娶了大流士三世之女斯妲特拉二世（Statira），赫费斯提翁则娶了大流士三世的小女儿德莉比蒂丝（Drypteis）为妻。赫费斯提翁在埃克巴坦那（Ecbatane）病倒并去世后，亚历山大将曾为其治疗的医生钉死在十字架上。几个月之后，亚历山大也离世，彼时他正在为赫费斯提翁建造宏伟的陵墓。

插图 右图，佩拉的镶嵌画，描绘狩猎的场景，主角可能是赫费斯提翁和亚历山大。左图，亚历山大青铜像，罗马时代的复制品，现藏于特雷维索（Trévise）市民博物馆。

主和无可争议的领袖后，准备实施他最具野心的计划。

公元前 336 年初，腓力二世命令一支将近 1 万人的先遣部队前往小亚细亚，由他的亲信帕门尼翁（Parménion）和阿塔罗斯（Attale）指挥。同时，腓力二世还鼓动盟军建造一座浮桥以辅助进攻，但他本人却再也没有机会渡过赫勒斯滂海峡了。公元前 336 年秋，腓力二世被刺身亡。

腓力二世之死

要想厘清腓力二世的意外死亡，以及他与继承人亚历山大关系疏远的缘由，就需要回溯到过去。这一切始于公元

前 337 年年中，腓力二世迎娶了他的第七任妻子。新娘是马其顿贵族少女克利奥帕特拉（Cléopâtre），也是腓力二世级别最高的将领阿塔罗斯（Attale）的侄女，而她是腓力二世唯一一名出身马其顿贵族的配偶。这场联姻令新娘的叔叔、冲动傲慢的阿塔罗斯在宴会期间宣称，腓力二世将会有一名拥有马其顿血统的继承人。听闻此言，羞愤的亚历山大离开了宴会和王宫，与同样感到被冒犯的母亲奥林匹亚丝一起流亡到伊庇鲁斯一带。几个月之后，在另外一场同样豪华且具有重要政治意义的家族聚会上，这对父子（指腓力二世和亚历山大）终于冰释前嫌。腓力二世之

腓力神庙（第 22 页）

喀罗尼亚战役之后，腓力神庙由马其顿的腓力二世始建于公元前 338 年，竣工于亚历山大大帝时期。这座环形建筑耸立于奥林匹亚的希腊化圣殿中，该建筑有一条柱廊，包含 18 根柱子和 9 根靠内墙建造的科林斯式半圆柱。

21

女、亚历山大的妹妹克利奥帕特拉（Cléopâtre，与腓力二世的第七任妻子同名），与他们的舅舅——奥林匹亚丝的哥哥、伊庇鲁斯王国的继承人亚历山大一世（Alexandre Ier）成婚，婚礼在马其顿的前王都艾盖（Aigai）举行。

在节日游行期间，当腓力二世带着胜利和自信走进那家把他的雕像与奥林匹亚十二主神的雕像并排陈列的剧院时，他被身边的护卫刺杀了。凶手名叫帕萨尼亚斯（Pausanias），他试图报复曾对他犯下罪过的腓力二世，而他本人也被腓力二世的护卫当场杀死。人们怀疑这场刺杀是波斯人指使的，因为他们有很多动机希望除掉腓力二世这位危险的敌人，尽管没有任何同谋证据，但一些嫌疑人依然被处决了。

葬礼在艾盖（今希腊维尔吉纳[Vergina]）举行，奥林匹亚丝从伊庇鲁斯赶来参加了葬礼，腓力二世被下葬在一座豪华的陵墓中。这次弑君让亚历山大和奥林匹亚丝从中受益，虽然阿塔罗斯曾引起腓力二世与亚历山大之间的不睦，但亚历山大始终被视作王储和父亲的骄傲，他可以合法要求继承王位。忠诚的安提帕特（Antipatros）迅速对军队宣布亚历山大为国王，这样他就能按照传统得到认可。

一些反对派和觊觎王位之人很快就被清除了，包括马其顿王族林切斯提斯（Lynkestis）的两位王子：亚历山大的表兄、佩尔迪卡斯三世之子阿敏塔斯四世，以及强大的阿塔罗斯——他后来被暗杀于小亚细亚，两人经历了同样的命运。当马其顿局势一稳定下来，亚历山大就前往希腊，他被公认为色萨利的执政官和科林斯同盟的霸主，这都是他父亲腓力二世之前拥有的称号。

腓力二世是马其顿的伟大国王。在执政的二十三年里，腓力二世改革了国家，开拓和巩固了疆土，加强了被削弱的君主制。腓力二世统一了王国，组建了一支强大的职业军队，征服了从多瑙河流域至希腊南部的广大领土。但是，对希腊人而言，腓力二世的统治完全是反面教材。这其中最严厉的批评意见认为，腓力二世的统治体现了傲慢和"过度"：一个游牧民族的"野蛮"国王，无所顾忌地完全按照自己的意志行事，以暴君的方式摧毁了一个又一个城市（如安菲波利斯、墨托涅、斯塔基拉和奥林索斯等），又或者剥夺了城市的自治权和自由。

腓力二世的遗产

腓力二世是否预见到他的儿子亚历山大会把疆域拓展至亚细亚，我们无从得知。但是，若非继承了一个统一和占主导地位的马其顿王国，若非腓力二世创建了这支精锐部队并平定了希腊，年轻的亚历山大是不可能完成如此伟业的。

公元前 336 年腓力二世被刺杀于艾盖时，亚历山大年仅 20 岁，他以其特有的坚定和速度掌握了权力。亚历山大一直被当作未来的国王来培养，以王储的身份在父亲腓力二世身边生活。事发前几年亚历山大便开始参政，腓力二世不在马其顿期间由他短暂摄政，并镇压了一场色雷斯反叛；而且在喀罗尼亚战役和其他军事活动中，18 岁的亚历山大就展现出了他的英雄气概。

在亚历山大身上，预示其伟大的神兆很早就有多方面的体现。奥林匹亚丝称，她怀亚历山大时曾梦见一道闪电击中了她的子宫。传言亚历山大降生那天，艾菲索斯（Éphèse）的阿尔忒弥斯（Artémis，又名辛西亚）神庙被一道闪电击中并烧毁，预示着女神为了守护马其顿王子的诞生而放弃了自己的神庙。诸如亚历山大驯服最喜爱的坐骑布西发拉斯（Bucéphale），遣散前来索要传统贡品的波斯使者等轶事，都体现了他的智慧和高贵精神。腓力二世确保亚历山大接受最好的教育，一种细致而广博的教育——派迪亚（paideia），它尤其盛行于雅典，涵盖了心灵修养和武器操控。为此，腓力二世为亚历山大请来了最优秀的导师。

其中一位导师便是亚里士多德（Aristote）。腓力二世亲自邀请亚里士多德为亚历山大教授希腊文化，为期三年。亚里士多德并未将亚历山大当作哲学家来培养，而是打磨他的心智，甚至可能激发了他探索世界及其奇迹的愿望。腓力二世在米埃扎（Miéza）附近的城市专为王子及其伴读们建了一所学校，亚历山大就在那里接受教育。受到荷马史诗和希腊文学的鼓舞，亚历山大决心效仿神话中的英雄们，如他的祖先赫拉克勒斯和阿喀琉斯般建功立业。

亚历山大虽然作为摄政时已展现过大胆的谋略，但是在腓力二世去世后，他必须充分发挥自身的才能。在聪明且充满进取心的君主去世后，威胁马其顿边境的

奥林匹亚丝：悲情的王后，强大的母亲

  作为腓力二世的主要妻子和亚历山大大帝的生母，奥林匹亚丝王后为维护子孙后代的权利，将她的一生和影响力倾注在了马其顿宫廷。

  公元前357年，涅俄普托勒摩斯一世之女奥林匹亚丝与腓力二世成婚，她曾是萨摩色雷斯的宙斯神庙的女祭司。她的一生都被一个执念指引，即她的血脉必须戴上马其顿的王冠，她让年幼的亚历山大相信自己是神之子。然而，王宫内的流言并非如神话中那样，传言亚历山大是一名私生子。当腓力二世娶第七任妻子时，他与奥林匹亚丝之间产生了不睦。腓力二世抛弃了奥林匹亚丝，与新妻子克利奥帕特拉生了一个儿子。随后，奥林匹亚丝和亚历山大前往伊庇鲁斯一带。公元前336年，国王腓力二世被刺杀。不久之后，在奥林匹亚丝的唆使下，克利奥帕特拉与其子——也是亚历山大的潜在对手——皆被暗杀。公元前316年，为了让孙子亚历山大四世登上王座，奥林匹亚丝又下令刺杀了阿敏塔斯四世之女欧律狄刻以及她的配偶腓力三世——他是亚历山大大帝同父异母的兄长阿里达乌斯（Arrhidée）。马其顿摄政卡山德（Cassandre）将奥林匹亚丝逮捕并处决。

  插图　亚历山大和奥林匹亚丝的玉髓浮雕，现藏于佛罗伦萨考古博物馆。

腓力二世在维尔吉纳的豪华陵墓

　　1977 年夏，希腊考古学家马诺利斯·安德洛尼科斯（Manolis Andronikos）在维尔吉纳，即马其顿王国前王都艾盖（Aigaí）的旧址，发现了四座大型陵墓。其中，一座陵墓遭遇了盗墓，另外三座陵墓完好如初。

　　考古队在第二座陵墓内发现了珍贵的餐具、武器和饰有狮头的战甲。一只紧靠墓室墙壁的石棺内有一个金函（一种骨灰瓮），金函内是一名男子的遗体和金冠。侧厅内还有一只石棺，里面是一名身穿金色和绛紫色服装的女性遗体。安德洛尼科斯由此得出结论，认为这是腓力二世的陵墓。这一断言遭到了反对，因为陵墓内的遗体也有可能属于腓力三世·阿里达乌斯和他的配偶欧律狄刻。但是，男性遗体的头骨右眼有伤，这与腓力二世在围攻墨托涅（Méthone）时曾失去右眼的事实相吻合。

　　插图　右图，安德洛尼科斯发现的陵墓，正在修复中。左图，金制的美杜莎人头形灯，出自腓力二世的陵墓，现藏于维尔吉纳考古博物馆。

　　"蛮族"人和一些希腊城邦认为找到了反叛的好时机。亚历山大迅速采取行动，他决定迎战侵犯边境的、来自色雷斯的特里巴利部落（Triballes）。公元前 335 年，亚历山大以闪电般的速度降服了敌人。

　　随即，亚历山大展开了一场针对王国北部的伊利里亚人和凯尔特人的军事行动，最终抵达了多瑙河畔。正是在这里，亚历山大被告知一些希腊城邦正在进行敌对行动。

❶ **正立面** 第二座陵墓主入口的门两侧，各有两对多立克式圆柱。

❷ **檐壁** 描绘狩猎的场景，上面有一头狮子、一头野猪、一头熊和一只公鹿。

❸ **第一只石棺** 里面有一个饰有十二角星的金函，金函内是被焚烧过的女性遗骨。

❹ **第二只石棺** 大理石石棺，里面有一个饰有马其顿星的金函（如下图所示），金函内是被焚烧过的男子遗体。

金函 金函内除了腓力二世的遗体，还有一顶橡树叶子形状的金冠。现藏于维尔吉纳考古博物馆。

底比斯和雅典的反抗

部分希腊政治家，尤其是雅典的德摩斯梯尼（Démosthène），获悉腓力二世被刺身亡后非常高兴。他们认定腓力二世的继任者是一个他们蔑视的、天真且毫无经验的年轻人，于是这群政治家便在整个希腊吹起一股反抗马其顿统治之风。雅典与底比斯更是走在反抗的前列，特别是底比斯人，他们无法容忍马其顿在城内驻军。正当亚历山大在北方与伊利里亚人作战时，底比斯人趁机

德摩斯梯尼

希腊雅典演说家德摩斯梯尼——腓力二世的主要对手，反对马其顿王国的扩张。在雅典和底比斯联合起兵反抗腓力二世及亚历山大的斗争中，德摩斯梯尼发挥了重要作用。

插图 罗马时期的复制品，根据公元前3世纪希腊雕塑家波利耶克托斯（Polyeuctos）所作的半身像制作。现藏于罗马国家博物馆阿尔滕普斯宫。

起兵屠杀马其顿人，并煽动其他希腊人起兵支持全面反叛——很可能是亚历山大身受重伤的谣言激起了底比斯的反叛。

但是，亚历山大以惊人的速度做出反击，在不到七天的时间里率部行军400多公里。为了以儆效尤，亚历山大无情地镇压了这次起义：6000人左右的底比斯人在战争中丧生，包括妇女和儿童在内的所有幸存者都被卖为奴隶，整座城市被夷为平地（除了几座寺庙和诗人品达［Pindare］的故居，他的颂诗歌颂了希腊英雄）。这残酷的惩罚对所有其他希腊城邦都是一个令人印象深刻的警告。

正如西西里岛的历史学家狄奥多罗斯（Diodore）在书中描述的那样，"强行军过后，亚历山大来到了维奥蒂亚，将部队驻扎在卡德米亚（Cadmée），在这座底比斯的城市散布恐慌。得知马其顿国王来到了维奥蒂亚，雅典人不敢再轻视他"（《历史图书馆》[*Bibliothèque historique*] 第 17 卷，第 4 页）。这段摘录显示了亚历山大的军事行动对希腊人的影响。尽管有德摩斯梯尼等人的煽动，看到强大的马其顿军队已然兵临城下，处于惊讶和恐惧中的雅典人不战而降了。

然而，在摧毁底比斯之后，亚历山大对雅典人却表现得宽宏大量，慷慨地赐予了他们所请求的大赦。亚历山大之所以特赦雅典，既是出于对这座久负盛名的城市的尊重——正如伯里克利（Périclès）所说它是"希腊的学园"，同时也是出于对自己利益的考量——为了对抗爱琴海（la mer Égée）唯一的大型舰队。

公元前 334 年初，亚历山大对亚洲开战。亚历山大将王国交与安提帕特摄政，自己则率大军远征，而腓力二世的忠诚伙伴、当时已年逾六旬的帕门尼翁为副指挥。安提帕特和帕门尼翁两人，还有"独眼"的安提柯（Antigone），都是出色的战略家。

亚历山大身边的护卫队成员都是他那一辈勇敢的年轻人，是他从前的伴读，其中有帕门尼翁之子菲洛塔斯（Philotas）、克利图斯（Cleitos）、赫费斯提翁（Héphestion）、托勒密（Ptolémée）以及财务官哈帕洛斯（Harpale）等。陪同他们的还有远征军的官方史官卡利斯提尼（Callisthène），他也是亚里士多德杰出的侄子。

渡过赫勒斯滂海峡

根据西西里岛的狄奥多罗斯的记载，亚历山大的部队由 4 万名不同出身的士兵构成，其中步兵 3.2 万人，骑兵 6000 人。步兵方面，多数为马其顿人，有 1.2 万人；7000 人来自科林斯同盟的希腊人；还有 6000 人左右来自北方"蛮族"人，即色雷斯人、伊利里亚人和阿格里尼亚斯人（Agriane）等；其余人等为专业雇佣兵。骑兵方面，马其顿人有 1500 人，色萨利人 1500 人，希腊联军 1000 人左右，派奥

从赫勒斯滂海峡到征服埃及

马其顿通过四次军事胜利征服了小亚细亚和埃及，从而结束了阿契美尼德王朝在海上的霸权。

马其顿远征军穿过赫勒斯滂海峡后控制了小亚细亚。格拉尼库斯河（Granique）战役后，波斯失去其在安纳托利亚的大型海军基地，众多军官被杀，最优秀的骑兵团被歼灭。伊苏斯战役的胜利增强了马其顿的实力，同时削弱了曾寄希望于波斯来对抗马其顿的希腊参战方。正当大流士三世向东逃窜时，亚历山大开始挥军南下，叙利亚和腓尼基的总督同意称降，只有推罗和加沙仍在抵抗。经过八个月的围城后，加沙陷落。最终，波斯在推罗的总督巴提斯（Batis）也经历了与加沙同样的命运。这次胜利为马其顿打开了通往埃及的大门，从未接受过波斯统治的埃及民众将亚历山大当作解放者迎接。征服埃及后，亚历山大完成了远征的第一步。

尼亚人（Péoniens）和色雷斯人900人，雇佣兵600人左右。同时，远征军中还包括了一部分工程师和围城专家、祭司和占卜师、艺术家和地理学家。

尽管海军力量有限，部队还是轻松穿过了赫勒斯滂海峡，即今达达尼尔海峡（Dardanelles，又名恰纳卡莱海峡）。实际上，希腊及联军舰队共有160艘三桨排座战船。不过，虽然经过了几年的准备，但军需依然只能保证最初的几个月，之后将依赖附近的沿海地区。为了改善相对薄弱的经济来源（总共60塔兰同或80塔兰同），亚历山大打算利用被占领区的战利品。

远征军的号召力还是非常显著的，统一的希腊终于要对亚洲的敌人展开复仇了！事实上，亚历山大特别注意唤起人们对曾打败特洛伊（Troie）的古代英雄们的记忆，而

格普塞洛斯 基普塞洛斯
阿布德拉
塞萨洛尼基
佩拉
马其顿
伊利翁（特洛伊）
希腊
莱斯沃斯岛
萨第斯
希俄斯岛
艾菲索斯
吕底亚
雅典
科林斯
斯巴达
克里特岛
伊塔诺斯

格拉尼库斯河战役（公元前334年）
赫勒斯滂海峡
米利都战役（公元前334年）
萨摩斯
哈利卡纳苏斯战役（公元前334年）
克桑托斯
罗得岛

安基拉（安卡拉）
戈迪翁
弗里吉亚
哈里斯河
奇里乞亚
阿斯潘多斯
塔尔苏斯
法塞利斯
塞浦路斯岛
萨拉米斯岛
帕福斯

伊苏斯战役（公元前333年）
安条克
阿帕米亚
奥龙特斯河
比布鲁斯
贝鲁特
叙利亚
西顿
大马士革

地中海

推罗战役（公元前332年）
梅吉多
约旦河
阿什杜德
阿什克隆
耶路撒冷
加沙战役（公元前332年）

昔兰尼
帕莱托尼翁（马沙－马特鲁）
亚历山大里亚
诺克拉提斯
贝鲁西亚
赫利奥波利斯
孟斐斯
法尤姆
埃及
佩特拉
尼罗河
锡瓦绿洲
阿雷格绿洲
巴哈里亚绿洲
红海

亚历山大从赫勒斯滂海峡
至锡瓦绿洲的路线（公元
前332年—公元前331年）
可能是自锡瓦绿洲返回的路线
主要战役

且只要其象征意义或声誉有利于他的宣传，他便公开遵守相关仪式。

因此，刚穿越赫勒斯滂海峡，亚历山大就用金杯向海神波塞冬（Poséidon）献祭。登陆时，亚历山大将长矛抛向了小亚细亚（Asie Mineure）的土地，并宣称根据战争法这些土地"被长矛占领"（doriktetos）。随即，亚历山大身穿甲胄，像特洛伊战争中的普洛忒西拉俄斯（Protésilas）那样第一个跳上岸。占领对岸的领土后，亚历山大遂下令建造用以纪念宙斯、雅典娜（Athéna）和赫拉克勒斯的祭台。

随后，亚历山大来到他设想的特洛伊曾经伫立的小山上，为亚该亚人（Achéens）的英雄们敬酒。在当地一间小寺庙里，亚历山大把自己的盔甲献给雅典娜女神，并拿走旧的武器举办了和解仪式，以示对特洛伊国王普里阿摩斯（Priam）的敬意。据传说，普里阿摩斯被亚历山大的祖先、阿喀琉斯之子涅俄普托勒摩斯杀死于祭坛上。亚历山大为阿喀琉斯的坟墓献上花圈，而他的友人赫费斯提翁则向阿喀琉斯的战友、伟大的希腊英雄帕特洛克罗斯（Patrocle）致以同样的敬意。

亚历山大通过上述行为宣称自己是希腊人，并援引了《伊利亚特》（L'Iliade）的英雄世界——用希罗多德的话来说，他声称这次远征是对波斯人的报复。距离薛西斯一世（Xerxès Ier）的入侵一百五十年后，希腊人再次面对来自亚细亚的"野蛮人"（barbares）。亚历山大通过宣称自己是阿喀琉斯的后人，回顾亚该亚英雄们的进攻行为，不仅为他自己的行动添上了一抹英雄主义色彩，还为他本人戴上了神秘的光环。

亚历山大的登陆并未让波斯人感到惊讶。波斯人就像从前知晓腓力二世的计划一样，早已通过间谍获悉了这位年轻国王的计划，并期待着这一场进攻。出身罗得岛（Rhodes）的希腊人门农（Memnon）是波斯国王的雇佣军领袖，也是一名杰出的战略家。门农建议采取"焦土政策"，即这种战略试图不通过作战，直接让入侵者面对一个被焚烧过的没有水喝、没有食物的国家。

格拉尼库斯河战役

波斯总督们拒绝了门农的策略。在他们看来，在既不缺兵力又不乏勇气的情况下，放弃土地、破坏资源是可耻而懦弱的行为，他们宁可与特洛伊平原东部格拉尼库斯河（Granique）对岸的敌军作战。波斯拥有包括大量希腊雇佣兵在内的 2 万名步兵和一支强大的骑兵队，因此波斯总督们自认为比亚历山大的部队更占优势。这场战斗异常艰苦，作战双方势均力敌。波斯骑兵虽然在人数上占优势，但在这片战场上却无法机动自如。希腊部队发起了正面攻击，就如同喀罗尼亚战役中一样，伙友骑兵果断出击在敌军正面造成严重缺口。然后，亚历山大照例一马当先，丝毫无视可能坠马的风险。

为波斯作战的雇佣兵遭遇惨败，希腊血统的敌军被俘后遭到了残酷的对待，并

被当作奴隶送往马其顿。亚历山大以这种严厉的惩罚提出警告，他决不姑息那些站在"蛮族"阵营与希腊为敌的叛徒。

为了庆祝这场胜利，年轻的国王亚历山大将战利品中的 300 副波斯铠甲送到雅典，当作对女神雅典娜的献礼，并附上一段铭文："这是我亚历山大、腓力二世之子，与除拉克代蒙（斯巴达）人之外的希腊人，从那群居住在亚细亚的野蛮人手中赢得的战利品。"（普鲁塔克［Plutarque］《亚历山大传》［Vie d' Alexandre］第 22 卷）需要说明的是，亚历山大并非

向普里阿摩斯国王致敬

亚历山大在特洛伊的山丘上纪念古代的神祇和英雄。亚历山大为特洛伊末代国王普里阿摩斯（Priam）国王举行纪念仪式，传说中这位国王被阿喀琉斯之子涅俄普托勒摩斯刺杀，后者也是亚历山大的祖先。公元前 4 世纪法莱里-维特莱城（Falerii Veteres）的一个双耳爵，描绘了特洛伊末代国王之死。现藏于罗马伊特鲁里亚（la Villa Giulia，朱利亚别墅）国家博物馆。

雅典娜神庙

格拉尼库斯河战役获胜后，亚历山大在普里埃内（Priène）停留，为雅典娜神庙献祭。据一块现存于大英博物馆（British Museum）的大理石铭牌（铭文内容：亚历山大国王为雅典娜·波利亚斯 [Athéna Polias] 献祭）显示，亚历山大曾资助修建该神庙。

插图 普里埃内的女神神庙遗址。

以马其顿国王的名义，而是以科林斯同盟统帅的名义提出了这份献礼。

亚历山大声称，他要将失落的自由与民主还给小亚细亚一带的希腊城市。这种宣言在一定程度上得到了回报，如萨第斯（Sardes）——吕底亚（Lydie）最富庶和开明的城市，迅速为他打开了大门。但是，米利都（Milet）和哈里卡纳索斯（Halicarnasse）却没有给予同样的待遇，这两座城市都坚持抵抗，最终被武力征服。

由于亚历山大的统治还没有延伸到海上，他认为控制小亚细亚的港口城市至关重要。当时，波斯舰队毫发无损地停泊在不远处的科斯岛（Kos），门农和他的船队控制了附近其他岛屿，如莱斯沃斯岛（Lesbos）和希俄斯岛（Chios），因此波斯舰队依然是更大的威胁。但是，亚历山大在内陆没有遇到任何反对。

冬季，亚历山大向小亚细亚南部的吕基亚（Lycie）和潘菲利亚（Pamphylie）推进，向北最终抵达弗里吉亚（Phyrygie）首都戈迪翁（Gordion）。"斩断戈尔狄俄斯之结"（trancher le noeud gordien）的说法就是源于发生在此地的一个小插曲。传说，在戈迪翁的确存在一辆紧紧打结的牛车，众口相传谁能够解开绳结，谁就会成为亚细亚未来的主人。然而，亚历山大却说"解开绳结的方式无关紧要"，随即他便挥剑斩断了绳结。

在冬季结束时，亚历山大迎来了马其顿的援军。亚历山大继续向奇里乞亚（Cilicie）推进，没有遭遇任何抵抗，穿过卡帕多西亚（Cappadoce）和托罗斯（Taurus）山脉后，继续向平原和南方海岸推进。在此期间，亚历山大获悉罗得岛的门农——他最危险的对手——已于公元前333年初死于疾病。

伊苏斯战役

波斯国王大流士三世（Darius Ⅲ）决定亲率部队参战。大流士三世把主力部队召集到巴比伦去攻打入侵者，他所采用的战略简而言之就是集结一支在数量上远超马其顿的部队以迎击敌人，从而消灭胆敢挑战帝国权威的势力。

大流士三世出于傲慢没有听从耐心等待以在王国中心迎击敌军的建议，决定速战速决，并率领部队向东部推进以在那里展开决战。波斯军队跨过阿玛诺斯（Amanos）高地，即今天位于土耳其东南的努尔山（Nur），抵达地中海沿岸的伊苏斯（Issos），该城位于皮纳罗河（Pinaros）畔。

亚历山大的军队当时驻扎在更南一点的地方，也在伊苏斯湾，即今天的伊斯肯德伦湾（Iskenderun，古称亚历山大勒塔［Alexandrette］）。这一情况令双方都感到意外。大流士三世命令部队驻扎在那里，尽管平原不够宽阔不足以部署他的大军，而亚历山大则命令部队返回进行战斗。

大流士三世把2万名骑兵部署在右翼近海的一侧，把众多步兵、雇佣兵放在

伊苏斯战役：波斯王大流士三世的溃败

　　亚历山大东征的首要目标是控制小亚细亚沿岸所有的港口城市，这些城市掌控着地中海东部的贸易。亚历山大希望通过这种方式切断强大的波斯舰队的供给。

　　波斯海军的优势显而易见。公元前333年3月，波斯部署了300艘三层桨座战船用来控制爱琴海。这一事件促使亚历山大动员马其顿和希腊战舰监视赫勒斯滂海峡和西爱琴海，但他因身染重疾无法执行计划。与此同时，波斯的新舰队领袖法尔纳巴佐（Pharnabaze）夺取了米提利尼（Mytilène）、特内多斯（Ténédos）和哈利卡纳苏斯，从而威胁到马其顿对赫勒斯滂海峡的控制。亚历山大病愈后立即做了一个大胆的决定，他放弃了针对驻扎在巴比伦的波斯部队，转而向叙利亚、巴勒斯坦和埃及一带进发，希望通过拔除波斯的海港基地给波斯海军致命一击。大流士三世放弃了巴比伦，与马其顿军队在狭小的伊苏斯平原交锋时战败。于是，大流士三世仓皇逃窜，这一象征性行为宣告了伊苏斯战役的结果，也向世界揭示了波斯帝国的脆弱性。伊苏斯战役改变了波希双方的军事力量对比，并且波斯军队被迫放弃了对地中海海岸的控制。大流士三世营地的财宝，甚至波斯大马士革城堡的财宝，塞满了亚历山大的箱子。

　　插图　《伊苏斯战役中的亚历山大》（*La Bataille d'Alexandre à Issos*）局部（1529年），油画，阿尔布雷希特·阿尔特多夫（Albrecht Altdorfer）所作。现藏于慕尼黑老绘画陈列馆。

了左翼。大流士三世坐在威严的战车上，由密密麻麻的精锐卫兵围着保护起来，占据了阵营的中心位置，而后备部队在周围的小山上为两翼部队做掩护。至于希腊军队，他们位于皮纳罗河的南岸。在帕门尼翁的命令下，马其顿方阵和色雷斯长矛手占据了左翼，希腊部队及其联军和率领伙友骑兵的亚历山大则负责右翼。战争开始时，波斯骑兵一度迫使帕门尼翁的方阵退至河对岸，但是亚历山

图例
- 马其顿部队
- 波斯部队
- 马其顿骑兵团
- 波斯骑兵团

③ 大流士三世

亚历山大

②

皮纳罗河

伊苏斯湾

帕门尼翁

①

❶ **撤退** 战争初期，波斯骑兵的冲锋迫使马其顿部队撤退到河对岸。

❷ **进攻** 亚历山大进攻波斯军队左翼，从而威胁到身处中心位置的大流士三世。

❸ **逃跑** 面临风险，波斯国王大流士三世乘战车逃跑，从而引发己方部队的溃散。

大成功地实施了战术，他率领骑兵在敌军阵营打开一个缺口，直冲向敌军阵营的中央。这次冲锋冲散了大流士三世和他的护卫，使得大流士三世仓皇驾战车逃跑。或许，正如在庞贝（Pompéi）发现的一幅著名镶嵌画上展示的那样，大流士三世的确抵抗至他的护卫全部被歼灭，直到在亚历山大危险地迫近时才逃离。

然而，受到大流士三世意外撤退的干扰，波斯部队溃

刻在石棺上的亚历山大的功绩

这座名为"亚历山大"的石棺保存在伊斯坦布尔考古博物馆,名字来源于六幅令人赞叹的浅浮雕。石棺上的浮雕描绘了亚历山大大帝对战波斯人和狩猎的场面。石棺的主人是西顿国王阿布达罗尼穆斯(Abdalonyme),亚历山大于公元前333年的伊苏斯战役后为其恢复了王位。这个石棺从未放置过亚历山大的遗体,也无人知晓他的遗体究竟在何处。这个希腊神庙式的石棺采用雅典东北部彭代利山(mont Pentélique)的大理石雕刻而成,于19世纪被发现于黎巴嫩的西顿王室墓葬群。侧面的场景描述了亚历山大骑马作战,而另一幅浅浮雕描绘了他与马其顿人和波斯人一同狩猎狮子。猎狮场面具有高度象征意义,它在东方艺术中常被用于体现王权。浮雕尾部,赫费斯提翁正帮助阿布达罗尼穆斯狩猎豹子。

环绕寺庙正面或三角楣顶部的装饰是典型的装饰元素。

深具历史价值的物品

石棺正面的浅浮雕提供了有关亚历山大发起战役的珍贵信息。

亚历山大石棺保存完好、线条流畅，是1887年西顿王室墓园发现的四座石棺中最壮观的一只。

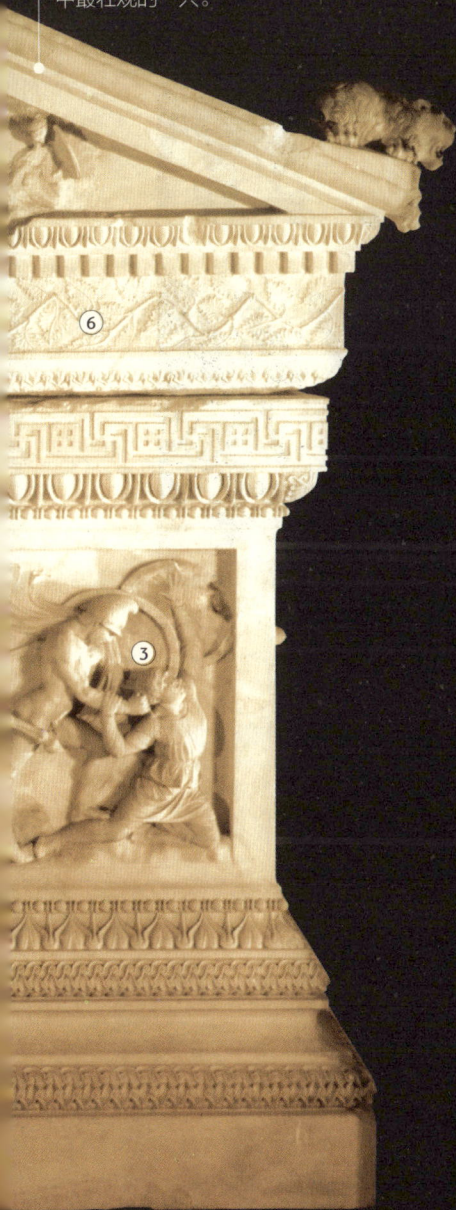

伊苏斯战役浅浮雕

其中一个立面描绘了伊苏斯战役中亚历山大挥舞着长矛（有缺失）。亚历山大头戴狮子头头盔，这既是他地位的体现，又象征了他的祖先赫拉克勒斯。希腊盟主（hègémôn）亚历山大的姿势也表明他正准备抛出长矛，而他的坐骑布西发拉斯正扬起前蹄攻击敌人。在所有场景中，亚历山大和他的伙友骑兵都以身骑战马击杀敌人的形象出现，这是马其顿骑兵力量的隐喻，他们曾数次战胜和羞辱了伟大的波斯国王（大流士三世）。

① 加沙战役 石棺前部的浅浮雕描绘了发生于公元前332年的加沙战役，这次战役为亚历山大最终打开了通往埃及的胜利之门。

② 亚历山大和布西发拉斯 亚历山大身骑布西发拉斯位于画面中央，他正准备击杀一名倒地的波斯士兵，后者举起盾牌防御。

③ 武器 画面左侧，一名步兵正试图用盾牌和短剑抵御马其顿重装步兵的攻击。画面右侧，另一个重装步兵正在击杀一名倒地的敌人。

④ 佩尔迪卡斯之死 三角楣的浅浮雕讲述了公元前321年在反对托勒密一世的战役中，佩尔迪卡斯试图渡过尼罗河，却死于手下军官的暗杀。

⑤ 彩绘装饰 石棺四面几乎所有浅浮雕都残留原始彩绘的痕迹，三角楣尤其明显。

⑥ 经典作品 石棺盖的檐壁之上是宽大的装饰挑檐结构，构成了三角楣的基础，这是古希腊三大建筑式样的特征。

大流士三世的败逃：文学和艺术创作的重大主题

埃雷特里亚的菲洛克斯诺斯是第一位讲述大流士三世在伊苏斯战役和高加米拉（Gaugamèles）战役中出逃的人。菲洛克斯诺斯先后担任过腓力二世、亚历山大大帝及其继业者们的宫廷画师，他的画作《亚历山大对战大流士三世》（*Bataille d' Alexandre contre Darius III*）的灵感来自庞贝城农牧神之家的镶嵌画（见本书第4—5页插图）。在这幅壁画中，大流士三世背对他的军队。

在其他画作如德国画家阿尔布雷希特·阿尔特多夫（Albrecht Altdorfer）的《战场上的亚历山大》（*La Bataille d' Alexandre*）或《伊苏斯战役中的亚历山大》（*La Bataille d' Alexandre à Issos*）中，描绘亚历山大战胜大流士三世时的画面中心也是逃跑的波斯国王。这种表现方式也出现在18世纪的大理石浅浮雕中，灵感来源于法国画家夏尔·勒布朗（Charles Le Brun）——画面中大流士三世丢弃战车背对马其顿部队逃跑。在文学方面，希腊历史学家和传记作家普鲁塔克（公元46年—公元125年）在《亚历山大大帝传》（*Vie d' Alexandre*）中对大流士三世做了无情的描述。根据普鲁塔克的讲述，波斯首相和宦官巴戈阿斯（Bagoas）毒杀国王阿尔塔薛西斯三世后扶植其子阿尔塞斯（Arsès）登基。由于巴戈阿斯担心阿尔塔薛西斯三世的这位继位者会反杀他，巴戈阿斯于公元前336年初毒杀了阿尔塞斯，将更易操控的大流士三世推上了王座。

插图　公元前4世纪—公元前3世纪鲁沃（Ruvo）的双耳尖底瓮，描绘了大流士三世的出逃。现藏于那不勒斯国立考古博物馆。

散了。亚历山大和他的战友们趁机从侧翼进攻强大的波斯骑兵。尽管马其顿人并未追击大流士三世，但不可否认的是，他们取得了彻底的胜利。在军事胜利之外，马其顿人还获得了惊人的战利品。在马其顿部队向内陆推进时，他们夺取了波斯人的部分财产，那是波斯国王令人瞠目的数以千计塔兰同的财宝，而更令人惊讶的是后宫女眷们手无寸铁地跟在队伍后面。

正因为大流士三世在年轻的亚历山大面前可耻地逃走了，这场战役极大地损害了波斯君主的威信。沿海的各个城邦向胜利的征服者敞开了大门，波斯舰队对亚历山大而言也不再是威胁了。亚历山大面临一个抉择，是继续追击大流士三世及其部队，还是沿腓尼基海岸向南推进？他选择了后者。

推罗和加沙围城战

不过，推罗 [4]（Tyr）出于对自身海岛的位置和堡垒的自信而拒绝投降。在此之前，推罗从未被征服过，似乎无法被攻克。亚历山大动用了一切围城武器，经过为期八个月的激烈围城战后，推罗最终陷落并受到惨无人道的惩罚：将近 8000 名居民死于两军对战，3 万人被贬为奴隶，2000 人被钉死在海边。

亚历山大在这时收到了大流士三世的求和信，这位波斯国王愿意让出小亚细亚的大面积领土，以此交换被亚历山大扣留了长达六个月的妻女（亚历山大一直以王室礼节对待她们）。在第二封求和信中，大流士三世愿意把波斯王国的一半，即位于幼发拉底河西岸的整片土地割让，并许诺对亚历山大平等以待，以及将一个女儿嫁给他。

亚历山大拒绝了大流士三世的所有提议，他要做整个亚细亚的主人，并为实现自己的理想而奋斗。有关此事还有一则著名的轶闻，当时帕门尼翁提出了异议："假如我是陛下，我会接受他的条件。"但年轻的国王（亚历山大）则回应道："假如我是帕门尼翁，我也会接受。"（狄奥多罗斯《历史图书馆》第 17 卷，第 54 页）亚历山大并不满足于统治一个王国，他希望统治包括亚细亚在内的整个帝国。

---

[4] 推罗（Tyr），又译提尔，今黎巴嫩苏尔，一座腓尼基人的城市。——译者注

亚历山大的印记

亚历山大在埃及的游历在当地留下了持久的印记，如位于巴哈里亚绿洲献给他的这座废弃神庙。

下图 4德拉克马[5]（tétradrachme）钱币正面戴有阿蒙角的亚历山大。

推罗投降后，亚历山大沿海岸继续向南方和埃及推进，未遭遇任何阻力，只有另一座腓尼基堡垒城市加沙试图抵抗。经过两个月的围城战，加沙陷落了，抵抗者们受到了严厉惩罚，作战部队被屠杀，妇孺沦为奴隶。

亚历山大经由港口城市贝鲁西亚（Péluse）来到埃及。当时，统治埃及的波斯总督马扎克斯（Mazakès）前来迎接，对马其顿军队的到来，他没做任何抵抗。埃及人则把亚历山大当作解放者，还加冕他为法老。

[5] 德拉克马，古代希腊和现代希腊货币单元。2002年被欧元取代，1欧元等于340.750德拉克马。——译者注

亚历山大城的建立

在尼罗河三角洲的传统首都孟斐斯（Memphis）短暂逗留后，亚历山大驶向了河口。在河畔的罗哈克提斯村（Rhakotis）附近、法洛斯岛（île de Pharos）对面，亚历山大下令在此建造一座城市，并将其命名为亚历山大里亚（Alexandrie）。这个绝妙的位置在岛的两侧提供了天然入河口，是调度希腊船只的理想场所。事实证明，亚历山大的决定是明智的。几个世纪以来，埃及一直缺少一个面向地中海贸易开放的城市。几年后，这个城市成为重要的贸易港、托勒密王朝的大都会，也是古代著名的城市之一。亚历山大随后踏上利比亚沙漠（désert Libyen）的荒凉道路，前往锡瓦绿洲（l'oasis de Siwa）寻求阿蒙（Ammon）的神谕。经过漫长而艰苦的跋涉后，一场奇怪的仪式展开了。阿蒙（阿蒙-宙斯）的祭司尊称亚历山大为神之子，并预言他将成为"不可战胜的世界征服者"（conquérant invincible du monde）。在圣殿内的问卜是秘密的，但是有关亚历山大的传说很快便传播了这个预言。

亚历山大对自己的神圣血统和非凡命运感到满意，并在古老的孟斐斯度过了几个月。亚历山大参加了纪念当地神明的仪式、民间节日和竞技会，还被加冕为法老并受到欢迎。在腓尼基战役之后，再次出征波斯帝国之前，亚历山大在埃及停留的这段日子是惬意的，埃及的遗迹和古老智慧令他着迷。然而，亚历山大却未能活着回来，这座令他心仪的城市在九年后迎来了他的遗体。

档案：亚历山大的教育

马其顿国王腓力二世认定他的儿子亚历山大必将继续他的事业，开拓帝国的版图。为此，腓力二世将儿子的教育托付给最杰出的大师。

腓力二世让他的继承人亚历山大享受优质的教育，既有身体的磨炼，又有文化和智力的传承。在体质方面，亚历山大很快就以年轻的竞技员和优秀的骑士脱颖而出。在文化智力方面，腓力二世则将他托付给著名的导师亚里士多德。

尽管雅典人德摩斯梯尼和其他对手称腓力二世为"野蛮人"，腓力二世却像他的祖先——国王阿奇劳斯（Archélaos）一样欣赏希腊文化，后者曾把欧里庇得斯（Euripide）邀请至王宫。不要忘记，阿吉德王朝的成员曾以英雄赫拉克勒斯和阿尔戈斯王室后裔的身份被允许参加奥林匹克竞技会，这是只有希腊人而非马其顿人才能参加的活动。

为了加强亚历山大的希腊文化教育，腓力二世既为马其顿王权尽责，也为实现他的野心，他精心挑选了同龄伙伴作为亚历山大的朋友，一同在米埃扎（Miéza）接受教育。米埃扎是马其顿一处平静的低地，距离佩拉（Pella）不远，可让亚历山大免受母亲奥林匹亚丝和宫廷的影响。

在三年时间里，亚历山大在这群马其顿贵族少年的陪伴下训练和学习，他们后来也都功成名就——其中包括赫费斯提翁、哈帕洛斯（Harpale）、尼阿库斯（Néarque）、佩尔迪卡斯（Perdiccas）、菲洛塔斯和托勒密。公元前343年，长期跟随柏拉图（Platon）在学院修习的弟子亚里士多德，受命为这位13岁的王子亚历山大传授知识，并在其身边教授了两三年。

亚里士多德当时年届30岁，风评甚佳，也出身马其顿。由于亚里士多德来自

青年亚历山大（左图） 亚历山大的大理石半身像，来自帕加马。现藏于伊斯坦布尔考古博物馆。

希腊的军事训练和文化教育

尽管亚历山大被德摩斯梯尼等雅典人视作"野蛮人"，他所受的教育却将身体和军事训练与知识学习完美结合。亚历山大年幼时就能阅读和记诵色诺芬（Xénophon）和希罗多德（Hérodote）的作品，以及希腊悲剧和荷马的著作。在赫费斯提翁、尼阿库斯、佩尔迪卡斯、菲洛塔斯和托勒密这群后来成为战友的少年的陪伴下，亚历山大不仅学习了马术、剑术和军事韬略，还学习了数学、历史和医学。

希腊重装步兵　重装步兵的大理石墓碑，出自维尔吉纳皇家陵墓。现藏于塞萨洛尼基考古博物馆。

斯塔基拉（Stagirite）——一个被腓力二世摧毁的城市，他又被称为斯塔基拉人。亚里士多德的父亲尼各马可（Nicomaque）曾是马其顿国王阿敏塔斯三世的御医。亚里士多德娶了赫米亚斯（Hermias）之女为妻，而赫米亚斯为小亚细亚沿海的阿塔内斯城（Atarnée）僭主，曾为腓力二世效劳，后被波斯人处决。

公元前340年，腓力二世将年轻的继承人亚历山大召回身边，命他当自己不在时担任王国的摄政。不久后的公元前338年，年仅18岁的亚历山大率领骑士团参加了喀罗尼亚战役。

政治学与诗学

亚里士多德并不完全致力于哲学思辨，从政治学到自然科学，从诗学到修辞学，很多主题都是他的兴趣所在。自古以来，这位拥有广博知识和好奇心的大师亚里士多德，与未来征服波斯帝国的少年亚历山大的相遇，便有着一种神奇的魅力。

有关亚里士多德对亚历山大的传授，我们并无详细资料。在已知的亚里士多德的著作中，从未提及这位著名的学生亚历山大，也没有任何资料表明腓力二世的继承人曾听从他的教诲。因此，在涉及亚细亚的事务中，亚历山大从未采取导师亚里士多德建议的态度。据说，亚里士多德曾给亚历山大建议，"待希腊人以父母，待野蛮人以奴隶"（traiter les Grecs comme des parents et les barbares comme des esclaves）。

这位希腊哲学家亚里士多德无疑是现实主义的理论家，政治上的保守派。亚里士多德虽不像他的老师柏拉图那么严厉地反对和抨击民主，但他确曾为君主制是最好的统治形式这一观点辩护，并且认为需要找到一个可以成为国王并能指导他人的杰出人物，而此人未必要成为一名哲学家。也许亚里士多德曾在为亚历山大编写的著作《论君主制》（Sur la Royauté）中展开过论述，但原作已遗失。

亚里士多德毫无疑问向他的学生亚历山大传授过已知的政府形式，并在《政治学》（La Politique）一书中对其构成做了分类。亚里士多德还极有可能建议年轻的王子亚历山大阅读两本他可能感兴趣的著作：一本是希罗多德的《历史》（Histoires），另一本是色诺芬（Xénophon）的《远征记》（Anabase），后者是作者对1万名希腊士兵在亚细亚长途跋涉的这段历史的见证。亚历山大虽然已经知道《伊利亚特》（L'Iliade），甚至能背诵其中的一些段落，但亚里士多德却让他领会了英雄史诗的深层意义，并为他精心准备了一个版本。

亚历山大行军途中经常携带这本《伊利亚特》作为床头书，因为他总是把书放在一个金匣里，这本书又被称为"金匣里的伊利亚特"（Iliade du coffre）。金匣是伊苏斯战役中的战利品。亚历山大自儿时起便崇拜阿喀琉斯，认为他是一位杰出的英雄，当他途经特洛伊时，特意向这位英雄献上敬意。

也许，亚里士多德在米埃扎时开始为撰写两本著作《论诗人》（Des poètes）和《论荷马史诗的歧义》（Des ambiguïtés homériques）做过笔记，只是这两部著作都已遗失。然而，除了简洁又博大精深的诗歌，亚历山大一定还接受了老师亚里士多德其他方面的教诲，激发了他对诗歌的热爱，唤醒了他对英雄主义和荣耀的

亚里士多德与亚历山大：令人惊讶的天才师徒

亚里士多德与亚历山大的关系引发了诸多解读。其中之一便来自黑格尔的《哲学史讲演录》（*Leçons sur la philosophie de l'histoire*）。这位德国哲学家认为，亚里士多德"既保留了他崇高天性中质朴的一面，又向其灌输了辨别真理的意识，让他既充满才智又能保持精神自由，犹如星球在以太内遨游"。黑格尔还强调，柏拉图从未教育出任何政治家，亚里士多德却培养了一位统率军队和整个希腊的国王。伯特兰·罗素（Bertrand Russell）的观点却恰恰相反，他在《西方哲学史》（*Histoire de la philosophie occidentale*）中写道："至于亚里士多德对（亚历山大）的影响，我们只能猜测在我们看来最真实的情况……亚历山大是个充满热情和野心的男孩，与父亲的关系恶劣，他更有可能希望摆脱学习的枷锁。亚里士多德认为一个国家的公民数量不得超过100万，信奉中庸之道。亚历山大很可能只是把他视作一位乏味的老学者，父亲把他安插在自己身边只为监视他，防止他做蠢事。……总之，这两位伟人属于两个不同的世界，他们之间的接触是徒劳无益的。" 亚里士多德或许并没有像黑格尔所说的那样，把年轻王子的帝国野心转化为形而上学的追求，但也不似罗素笔下坚持把另一个时代的知识灌输给激昂少年的老学究，他们之间的真实关系也许介于这两个观点之间。

插图　右图，14世纪的手稿插图，描绘亚里士多德给亚历山大授课，现藏于卡朋特拉（Carpentras）的因纪伯第纳图书馆（Bibliothèque Inguimbertine）。左图，亚里士多德的大理石半身像，罗马时代的复制品，原作为公元前4世纪的希腊作品，现藏于罗马国家博物馆阿尔滕普斯宫。

渴望。

亚历山大在对荷马史诗的喜爱之上，也许又增加了对悲剧的兴趣。我们还记得，为了惩罚底比斯人的叛乱，亚历山大曾下令摧毁底比斯城，但他终究保留了诗人品达的故居，因为品达曾歌颂神话中伟大的英雄。当亚历山大在遥远的亚细亚时，还曾请友人哈帕洛斯为他寄来了埃斯库罗斯（Eschyle）、索福克勒斯（Sophocle）、欧里

vent li maistres
ot fine la fni

enceo li maistres auques
meflecment pour que les

庇得斯和其他诗人的一些著作，而哈帕洛斯也的
确照做了。

科技

普鲁塔克（Plutarque）认为，亚里士多德很
可能把他自己长久以来对医学、自然现象和动物
学的兴趣也传递给了亚历山大。在前往米埃扎定
居以前，亚里士多德曾在途经阿索斯和莱斯沃斯

岛时研究过动物学。也许，我们可以从亚历山大前往东方时对动植物的兴趣看出亚里士多德的影响。

亚里士多德的弟子和合作者把亚历山大的同伴从印度带来的桂皮、没药和印度榕树等新品种添加到他们的植物研究著作中。传说，亚历山大本人经常派人把动植物的样本送至老师亚里士多德处。普鲁塔克曾引用这则古老轶闻，后来罗马的博物学家老普林尼（Pline l'Ancien）再次引用并将之扩充。

这些古老轶闻勾勒出一位东方探险家的形象。然而，著名的《亚历山大向亚里士多德讲述神奇印度的信》(Lettre d'Alexandre à Aristote sur les merveilles de l'Inde) 仍存疑。其他描述奇妙冒险的文本，诸如讲述亚历山大在天国的旅行，或藏身于玻璃球等，都纯属虚构。但是，这些传说从另一个角度体现了亚历山大的好奇心，这也是亚里士多德教学的传承。

这位斯塔基拉人亚里士多德还对他年轻的弟子亚历山大讲授哲学与政治理论。在政治领域中，老师亚里士多德的教学也许产生了重要影响。在《政治学》(La Politique) 一书的开篇，亚里士多德坚持认为城邦（polis，希腊语）是人类社会最完美的成果。在亚里士多德看来，只有在公民框架内才能完善人性，借用他的名言来说，因为人类的本质是"政治动物"(zoon politikon)。

从尼罗河畔到印度河流域，亚历山大建立了众多城市，并认为这些新兴城市是文化保留和传播的中心。在这个通过征服建立起来的广阔国家内，这些城市失去了政治自主，但是那里的文化依旧繁荣；这些城市很快发展得比柏拉图和亚里士多德所熟知的那些城市规模更大，并且配备了基础设施。

但是，创建城市意味着按照希腊文化的价值观行事，而非遵守哲学家的清规戒律。当亚里士多德写下这段文字时，他或许想到了他最出名的学生亚历山大："年轻人不适合聆听政治课，因为他对生活中的事物没有任何经验，而这些经验正是这门学科的出发点和推理对象。而且，由于倾向于遵从自己的情感，他无法从这门研究中获得任何有用或有益的东西，因为政治的目的是行动而非知识。"(《尼各马可伦理学》[Éthique à Nicomaque] 第 1 卷第 1 章)

然而，亚里士多德有可能向自己的学生亚历山大传授了伦理学的观点。在《尼各马可伦理学》中，亚里士多德坚持认为宽宏是基本的美德，而亚历山大也的确如古代英雄那样宽宏。或许，亚历山大并不总是能控制好自己的情绪，但是在荣耀的指引下他行动坚定，而这在亚里士多德看来是宽宏的人的特征。

征服波斯帝国

亚历山大先后将统治范围扩大到地中海，被加冕成为法老和阿蒙神之子，获得上、下埃及国王的称号，建立亚历山大里亚之后向幼发拉底河流域进军，与大流士三世进行决战。亚历山大下令洗劫并摧毁波斯波利斯（Persépolis），处决了杀死波斯国王的凶手。亚历山大成为亚细亚国王，被升格为半神，但是遭到一部分伙友骑兵的强烈反对。

公元前331年4月，亚历山大离开埃及。为了庆祝竞技比赛，参加纪念腓尼基神梅尔卡特（Melkart）的节日，亚历山大首先在推罗稍作停留。随后，亚历山大继续行军至波斯帝国中心的幼发拉底河流域。当时，亚历山大有两条路线供其选择：一是沿河流南下前往巴比伦和苏萨；二是渡河北上直至底格里斯河流域。亚历山大选择了第二条路线，这或许因为巴比伦总督马泽乌斯（Mazday）已经破坏了庄稼，他认为南方很难保证军队供给，而且他担心炎热的天气会带来不利影响。

另外的可能性则是，亚历山大知晓大流士三世在北方的底格里斯河畔等待着与他决战。

取得伊苏斯战役的胜利后，亚历山大俘获了大流士三世的母亲和妻女。大流士三世曾给亚历山大送来两封求和信，但都被亚历山大拒绝了，他声称要统治全部的波斯领土，因此他会继续征战的步伐，直至夺取帝国的王座。

大流士三世利用对手过境腓尼基和逗留埃及的时间，获得了几个月的喘息之机，从而重新组建了一支强大的军队。大流士三世选择在底格里斯河左岸、阿尔比勒城（Arbèles）附近的高加米拉（Gaugamèles，很可能在今伊拉克北部）策划即将到来的大战，而广阔的平原有利于他部署从帝国中部和东部调遣来的大部队。

虽然希腊雇佣兵的数量与过去相比有所减少，却招募来无数来自其他地方的军队：来自中亚地区的巴克特里亚（Bactriane）和粟特（Sodiane）的重装骑兵，中部省份米底（Médie）和帕提亚（Parthie）的轻骑兵，斯基泰人的弓骑兵，刀轮战车，带有战象的印度部队，以及帝国东部地区和巴比伦的所有步兵……据一份古代资料显示，这支部队包括将近4万名骑兵和20万名步兵。虽然今天的历史学家认为这个数字过于夸大，但这确实是波斯帝国有史以来最庞大的一支军队。

大流士三世按照精心策划的战略部署战斗阵型，认为亚历山大会在左翼最早发起冲锋。大流士三世在左翼部署了最精锐的部队并交由总督贝苏斯（Bessos）指挥，这些部队包括巴克特里亚和粟特的重装骑兵以及斯基泰人的弓骑兵。在中部，大流士三世亲自驾驶战车，由他的皇家卫队、希腊雇佣兵、刀轮战车和战象包围保护。波斯军队的右翼是来自帝国中部和东安纳托利亚（Anatolie）的部队，由巴比伦总督马泽乌斯指挥。

大流士三世的败逃

亚历山大军队一方有4万人左右，其中包括8000名骑兵、3000名弓箭手，还有一支由步兵组成的将近3万人的马其顿方阵，他们手执萨里萨长矛或者更轻便的武器。马其顿人与希腊人、伊利里亚人和色雷斯人等并行，这是一支精于战斗和取胜的队伍。亚历山大未曾遇到大的阻碍，他的军队越过幼发拉底河上的一座浮桥，然后毫不费力地渡过底格里斯河抵达高加米拉北部，而波斯人并未试图阻止或延缓他的行动。马其顿部队于 4 月离开地中海沿岸的推罗，目标是 9 月底与敌人相逢，因此行军不疾不徐。

由于已经了解大流士三世的行军布阵和当地的地形，亚历山大面对波斯大军时并不惊慌。亚历山大下令在距离波斯人不远处安营扎寨，并在开战前留出三四天的时间给部队休息。据说，开战前夜，亚历山大睡得很好。公元前 331 年 10 月 1 日拂晓，亚历山大发起了进攻。

波斯人倚仗战线宽广，曾试图从两侧包围马其顿人。在右翼，马泽乌斯很快让帕门尼翁陷入难以抵御的困境。在左翼，贝苏斯指挥的强大的波斯骑兵尝试包围亚历山大右翼部队的策略，而这次攻击却导致波斯进攻部队和中央部队之间出现了缺口。

亚历山大与骑兵团无所畏惧地冲向大流士三世及其护卫队所在的中心部队。在感受到马其顿猛烈冲锋的威胁后，大流士三世就如同在伊苏斯战役中的那样，再一次乘战车逃跑了。亚历山大原想继续追击大流士三世，但又不得不放弃，因为帕门尼翁遭遇困境，他必须施以援手，以攻打他这一侧的敌军。亚历山大的支援扭转了战事，而大流士三世出逃的消息导致波斯部队突然无序撤退，几近溃散。

波斯人在对战中曾在两点上冲破希腊军队的防线：他们中的一些人甚至抵达了希腊部队的营地，那里关押着大流士三世的母亲和妻女，以及存放的辎重；他们洗劫了营地却未能释放俘虏。波斯人突破战线原本可以扭转战局，然而他们并未从背后对希腊部队发起大胆攻击，只是攻击了空旷的营地。

亚历山大还是最终的胜利者。在战场上，亚历山大被誉为"亚细亚之王"，这是希腊人曾经给予波斯帝国的称谓。从此，广阔的阿契美尼德王朝（achéménide，即波斯帝国）落入科林斯同盟盟主（hègémôn，指亚历山大）的掌控中。这场以团结希腊人之名取得的胜利不容置疑，总算为多年前薛西斯一世对希腊的入侵报仇雪恨。在残余部队的护送下，战败的大流士三世匆忙前往北方的领土，他在那里找

高加米拉战役：反抗波斯的最终战

大流士三世以平分帝国、把女儿嫁给亚历山大作为求和的条件被后者拒绝后，他集结了一支庞大的军队在底格里斯河畔与亚历山大进行决战。

公元前331年10月1日拂晓的高加米拉平原，马其顿军队首先对波斯军队发起冲锋。这场战役是决定性的一战，并且对东西方的历史发展产生了深远的影响。高加米拉战役的溃败让大流士三世付出了高昂的代价，巨大的人员伤亡令帝国无法重新集结军队。在接下来的日子里，巴比伦和苏萨的总督相继投降，而亚历山大保留了他们的职位并任命波斯人管辖其他行省，进一步削弱了大流士三世的力量，同时标志着希腊化进程的开始——西亚对它的征服者开放了。希腊盟主亚历山大在前往埃克巴坦那途中，阿尔塔薛西斯三世的一个儿子前来投诚并告知大流士三世只带了少量人员和7000塔兰同的财物潜逃，这时亚历山大才意识到他取得了多大的胜利。

插图 亚历山大的骑兵团冲进波斯阵营的缺口。

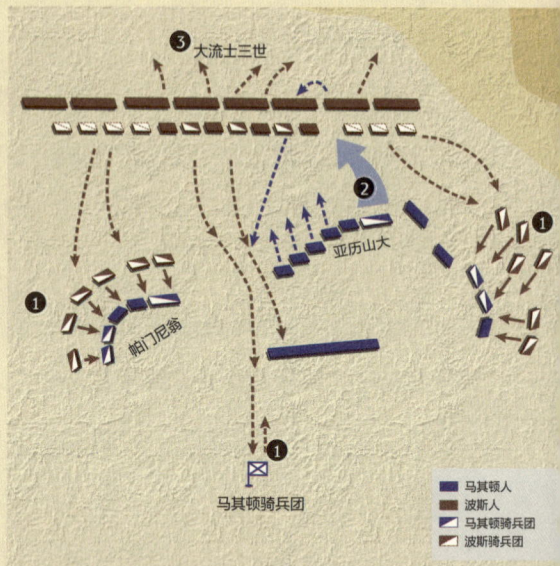

① **进攻** 波斯军队试图围困马其顿军队，并突破了敌军的营地。

② **缺口** 波斯的机动部队在前线打开一个缺口，亚历山大趁机发起冲锋。

③ **败逃** 对大流士三世所在的阵营中心发动进攻，导致波斯国王狼狈逃跑和波斯部队溃散。

到了庇护所，并希望积蓄力量等待复仇时机。

然而，亚历山大决定继续前往南方以及被征服的帝国的其他城市。亚历山大首先抵达巴比伦，这座位于美索不达米亚的伟大而著名的堡垒城市——在两个世纪前曾被波斯占领，而总督马泽乌斯未做任何抵抗就把城市交给了他。

亚历山大胜利进入巴比伦城，并受到民众的热烈欢迎。如同在埃及那样，当地居民和祭司从未认同过波斯的掌权者，却热情欢迎亚历山大的到来。

在巴比伦和苏萨城

　　与波斯人不同，亚历山大对当地的习俗和崇拜表现出了极大的尊重。亚历山大修复了寺庙，为巴比伦的伟大守护神马杜克（Marduk）举办了庆祝活动并献祭了祭品。与其说宽容，不如说新的亚细亚之王对传统和仪式更加虔诚。对于打开迦勒底大门的波斯人总督马泽乌斯，亚历山大也释放出善意，尽管在高加米拉战役中双方曾经对战过，但他出于信任仍然保留了马泽乌斯的巴比伦总督之职。

坐在有着千年历史的巴比伦王座上，亚历山大不仅仅是马其顿和希腊不可战胜的王，也是亚细亚的主人、伟大的王，对他的臣民也慷慨而开明。亚历山大不仅仅是替曾被薛西斯一世羞辱的希腊复仇的领袖，也是阿契美尼德王朝君主的继承者和继业者。从此，亚历山大不仅仅是弘扬希腊自由的旗手，也是亚细亚帝国的独裁者，并采用了帝国的奢华仪式和典礼。

整整一个月，亚历山大及其部队在神奇的巴比伦享受着他们胜利的战果。随后，马其顿大军向苏萨城（Suse）进发。波斯总督阿布利泰斯（Abulites）向亚历山大敞开大门，同时也保住了其总督之职。还有一个好消息在等待着亚历山大，就是等待了一年的援军

终于抵达苏萨城，而这是一支由 1.5 万名新兵组成的特遣队。亚历山大如同在巴比伦那样，为确保新盟友的忠诚，他留下了两个营并由马其顿人指挥。

一支先遣队先于亚历山大来到苏萨城，目的是抢夺波斯国王收集的财宝。两个多世纪以来，这座城堡一直是波斯王室的冬季居所。这批财宝数量惊人，有超过 5 万塔兰同的黄金和白银，大量的绛紫色颜料、宝石和精美绝伦的艺术品。这其中大部分财宝被兑换成钱币，而这批钱币轧制并投入流通后，在接下来的几年里对地中海经济的发展产生了巨大影响。

亚历山大给马其顿的摄政安提帕特送去了 3000 塔兰同的白银，而当时后者在希腊镇压斯巴达叛乱，这

进驻巴比伦

波斯贵族、巴比伦总督马泽乌斯（Mazday）与他的五个孩子跟随在和平女神身后。这件雕刻作品是对丹麦雕塑家贝特尔·特瓦尔森（BertelThorvaldsen）的作品《亚历山大的凯旋》（Frise d' Alexandre，1812 年）碎片的复制，描绘了马其顿军队胜利进入美索不达米亚古都巴比伦的场景。

笔财富足以应付军事开支。亚历山大还获得了希腊民主运动的纪念品——哈摩狄俄斯（Harmodios）和阿里斯托吉顿（Aristogiton）的雕像，并把它们归还给雅典人。在苏萨城，亚历山大坐上了波斯帝国庄严的王座，他虽以武力征服了这个国家，却以世界的继承者和君主的身份来统治它。

以苏萨城为起点，亚历山大开启了向帝国的中心波斯波利斯的征途。由于要穿过当时被冰雪覆盖的陡峭山脉，亚历山大的征途往往十分艰难。亚历山大的部队先是遭遇了乌西人（Uxii）——这是一个牧羊民族，需要缴纳一笔贡赋才能穿过他们的领土。后来，他们与一支骁勇的波斯部队作战——这支部队控制着一道名为"波斯门"（Portes persiques）的关隘，战斗异常激烈，但马其顿军队每次都能突破对方的防线并严惩敌人。

洗劫波斯波利斯

当马其顿的部队抵达波斯波利斯时，总督提里达底（Tiridate）未做抵抗就投降了。公元前330年1月，亚历山大入城，但是他没有像对待巴比伦和苏萨那般宽容。作为帝国的首都，波斯波利斯有很多贵族宅邸，其中最富丽堂皇的当属大流士一世（Darius Ier）建造的王宫，上面装饰了数不清的浅浮雕，浮雕描绘了臣服于波斯大王的民族和进奉贡品的诸侯，而这些装饰是波斯帝国和阿契美尼德王朝最光荣的纪念。大流士一世和他的王位继承人的陵墓就在王宫附近。亚历山大任由军队洗劫了城市，马其顿士兵如饥似渴地抢夺战利品：他们以报复大流士一世和薛西斯二世以往的罪行为由，残酷地对待手无寸铁的居民；他们闯进每一户人家，杀死男人，强奸妇女，然后把她们卖为奴隶。与此同时，亚历山大在伙伴和朝臣们的簇拥下欢庆胜利，在奢华的宫廷里毫无节制地吃喝玩乐。

当马其顿部队离开波斯波利斯时，亚历山大下令焚毁这座城市。根据古老的记载，在占领波斯波利斯后的某次狂欢中，托勒密的情妇、希腊歌姬泰绮丝（Thaïs）曾往王宫的雪松墙投掷了一个火把。众所周知，马其顿人在宴会上的狂饮烂醉导致了一些非理性行为。这次纵火也很可能是一个偶然的结果，由一位狂热的歌姬的愤怒报复引起的；但是也可以合理假设，假如没有亚历山大的默许，是不可能发生纵火行为的。一些考古研究表明，部分奢华装饰在火焰吞噬宫墙以前已经被取走。之所以说这场破坏是有预谋的，因为它后来被证实是一种象征行为，这是针对过去波斯国王薛西斯一世下令焚烧雅典卫城的报复。

这种对大流士一世王国的古都所实施的惩罚，结束了复仇的篇章。亚历山大赦免了距离波斯波利斯不远的帕萨尔加德（Pasargades），并在波斯帝国缔造者居鲁士大帝（Cyrus le Grand）的墓前向他致敬。部分希腊作家认为居鲁士大帝是一位传奇人物，如在安提斯梯尼（Antisthène）和色诺芬（Xénophon）的笔下，他是伟大的征服者和有德行的统治者的理想化身。因此，亚历山大向这位英雄鞠躬致敬。

亚历山大任命当地贵族弗拉萨奥特（Phrasa-orte）为波斯行省的总督，并循例在波斯波利斯安置了3000名驻军。亚历山大从波斯波利斯北上来到米底的旧都埃克巴坦那（Ecbatane，位于今伊朗哈马丹省的山区），因为大流士三世曾藏身于此。但是，由于没能重新组建队伍，大流士三世向东逃往拉伊（Rayy）了，也就是希腊人所说的法杰斯（Rhagès），位于今天的德黑兰附近。

在马其顿军队于公元前330年5月或6月抵达埃克巴坦那后，亚历山大下令暂停行进并进行休整。这4万名士兵中的大部分已经离开佩拉四年了，他们中的一些人厌倦了无休止的征战，特别是希腊和色萨利雇佣兵，认为自己最初的目标已经实现。亚历山大允许希腊和色萨利雇佣兵重返家园，并赠送丰厚的报酬作为他们提供服务的回报。复员军人被护送至黑海

征服东方年表

公元前331年
高加米拉战役　进入巴比伦和苏萨。

公元前330年
摧毁波斯波利斯　追击大流士三世以及大流士三世之死。

公元前329年
途经兴都库什山（Hindu Kush），进入巴克特里亚处决贝苏斯（Bessos）。

公元前327年
向印度进发。

公元前326年
渡过印度河，与波洛斯人（Poros）作战　马其顿人兵变。

公元前325年
在印度河三角洲的帕塔拉（Patala）逗留　穿越格德罗西亚（Gédrosie）沙漠，亚历山大在幼发拉底河口与一支海军会合。

公元前324年
修复居鲁士大帝陵墓　在苏萨，马其顿人与波斯人大规模通婚。赫费斯提翁死去。

公元前323年
进入巴比伦　6月10日，亚历山大离世。

61

投降的首都：巴比伦、苏萨、波斯波利斯和帕萨尔加德

亚历山大对待投降城市的方式不同，并非出于征服者一时的心血来潮，而是出于他具有高度象征意义的行动的意愿。这种做法既反映了希腊历史，也与亚历山大对自己神圣血统和伟大使命的认知一致。

当亚历山大来到波斯波利斯附近时，他首先决定派出一支先遣队抢夺居鲁士大帝建立的波斯帝国古都的宝藏。不久之后，希腊盟主亚历山大向居鲁士大帝致敬，而这位波斯英雄也获得了希腊人的尊敬和亚历山大的认同。六年后，亚历山大把居鲁士大帝陵墓的修复工作交给了出身福斯基的希腊建筑师阿里斯多布罗（Aristobule）。波斯波利斯也不战而降，但由于它曾是波斯霸权的象征，亚历山大决定对其施以惩罚。这里是大流士一世和薛西斯一世的宫殿所在地，这两位君主在波希战争期间曾出入雅典的神殿——这对雅典人而言是永生难忘的亵渎，因此对波斯波利斯的洗劫与对推罗一样残酷。巴比伦和苏萨这两座未做抵抗就投降的城市则得到了宽恕，当地的总督也保住了官职，连同所有贵族和帝国大臣们都把权力交给了亚历山大，他们认同并接受了亚历山大的权威。亚历山大以这种方式将波斯人纳入了他的管理和军队中，以便实现他的宏伟计划——征服整个亚细亚。

插图　《波斯波利斯的毁灭》（*Destruction de Persépolis*），石版画，汤姆·洛维儿（Tom Lovelle）作品。

或爱琴海沿岸，他们可以从那里重返埃维亚或者马其顿。

部队其余人员则享受了几周的休息和米底山区宜人的夏季气候。随后，主力部队在帕门尼翁的率领下向位于里海东南方的伊尔卡尼亚（Hyrcanie）进军。这是与希腊保持通信的战略路线，需要军队来维持和保证该地区的秩序。

亚历山大则在伙友骑兵的陪同下向东推进，他的目标很清晰——必须抓获大流士三世。亚历山大把战利品留在埃克巴坦那，由财务官哈帕洛斯和6000名马其顿士兵组成的部队看守。在抓获逃亡君主大流士三世的愿望驱使下，亚历山

大展开了疯狂的行军，因为逃亡的大流士三世是他在这个被他征服的帝国中合法成为无可争议的君主的最后障碍。

　　亚历山大只用了三周的时间，他的军队就行军 700 公里有余，穿过了艰难程度堪比"里海之门"（portes Caspiennes）的山地——这片山地分隔了埃克巴坦那与拉伊。行军的最后阶段尤其疯狂，据古代资料显示，为了活捉大流士三世，亚历山大在 24 小时内行军 180 公里。但是，亚历山大的所有努力最后都化为徒劳，当他赶到时大流士三世已经死亡。

波斯-希腊战争
（第 64—65 页）

　　西顿国王阿布达罗尼穆斯石棺上的浅浮雕，完美展现了伊苏斯之战中希腊人与波斯人交锋时的惨烈。现藏于伊斯坦布尔考古博物馆。

大流士三世之墓

在纳克什-罗斯坦的庞大墓葬群中，埋葬着几位伟大的波斯君主，这其中就包含了末代国王大流士三世。遵照亚历山大的命令，大流士三世的遗体被埋葬在雕刻于岩石上的墓葬群中一座宏伟的坟墓中。

波斯国王死于觊觎其王冠的总督贝苏斯之手。据说，亚历山大在大流士三世的尸体前痛哭，并用自己的绛紫色斗篷为他掩盖尸体，并下令将大流士三世以国王的礼节葬在其他波斯国王的墓旁。大流士三世的尸体经过防腐处理后被往送波斯波利斯附近的纳克什-罗斯坦（Naqsh-e Rostam），他的母亲西绪甘碧丝（Sisygambis）王太后隆重地悼念了他。同时，亚历山大保证会严惩弑君的叛徒。一年后，贝苏斯被抓获，并依照当地法律做出了审判，在公开处决前被割掉了鼻子和耳朵。

对波斯国王的“服从礼”

大流士三世之死和相关仪式具有高度的象征意义。从此，亚历山大可以自视为波斯国王的继承者，既是打败他的人又是他的继承者。亚历山大秉持着这种信念，按照惯例为敌人组织了一场皇家葬礼，他的行动和统治都确保符合波斯王位继承人的身份。

亚历山大还采用了波斯的传统、服饰和仪式，以及波斯帝王的排场，这其中最典型的当属名为“服从礼”（Proskynesis）的仪式。亚历山大任命波斯贵族担任总督，往往让那些已经担任总督的人继续留任；他的身边还聚集了一群当年大流士三世的忠臣，如粟特贵族奥克夏特斯（Oxyartès）和总督阿尔塔巴兹（Artabaze）。

此外，亚历山大还把大量波斯和帕提亚战士吸收进他的军队（几年内不少于 3 万人）。假如说亚历山大对波斯礼仪的尊重收获了亚细亚臣民的赞赏，但那些马其顿旧部——不仅仅是普通士兵，特别是伙友骑兵——对此却难以接受。亚历山大作为东方君主需要穿戴波斯王冠和王家斗篷，臣民要对其施行“服从礼”，这在马其顿人中引起了强烈的批评和不满。

几个世纪后，希腊历史学家阿里安（Arrien）对此做出了回应：“我决不赞同这种可怕的报复。假如亚历山大不是被米底、波斯或其他蛮族君主的事例吸引，用战利品掩盖他们的傲慢，他决不会做出这么残暴的伤害。我也不赞成赫拉克勒斯后代的王子改变服装，我不认为他会喜欢米底人的服装胜过他父辈的服装，用波斯人的王冠取代胜利者的桂冠，他不会感到脸红吗？”（《亚历山大远征记》[*Expéditions d' Alexandre*] 第 4 卷第 2 章）

“服从礼”的仪式引发了马其顿人的反对，而亚历山大原本想将波斯宫廷习以为常的礼仪强行推广给所有人。在亚历山大时代，这一仪式的具体动作如何，我们无从知晓，但是从后世的描述来看，仪式或许包含了向君主下跪和低头以示服从和顺从的动作。无论如何，这一动作表达了对更高等级如神圣君主的服从。对于亚细亚的君臣而言，这是最自然的事，但对于马其顿人却是羞辱。马其顿人认为，只有

从"服从礼"到神性

作为亚洲之王和波斯帝国的继承者，亚历山大采用了对波斯国王的致敬礼，这个仪式包含了一个表示服从的动作——"服从礼"。根据希罗多德的记载，同级者见面时互相亲吻嘴唇，而级别低的人要亲吻对方的脸颊。如果等级差别较大，见面礼节则是鞠躬和无身体接触的飞吻。如果等级差别巨大，低阶的人行礼时则要避开对面之人的视线。

插图 波斯波利斯的浅浮雕，描绘低阶官员向伟大的国王行"服从礼"，该国王可能是薛西斯一世或大流士一世。

阿蒙和赫拉克勒斯：两个榜样

马其顿国王腓力和亚历山大声称自己是宙斯的儿子、赫拉克勒斯的后裔，并也崇拜阿波罗。此外，奥林匹亚丝在亚历山大小时候就说服他是神的儿子。在锡瓦逗留期间，亚历山大征求了阿蒙-宙斯的神谕。在亚历山大独自进入的神庙里，他说他听到了"他喜欢的东西"。从那一刻起，亚历山大就开始神化崇拜了，他认为自己是上帝的上帝。对亚历山大来说，阿蒙-宙斯是希腊的神，袖（对神的代称）的神谕向他揭示了自己的真实命运。

插图 左图，戴着赫拉克勒斯的狮子头的亚历山大。右图，罗马时期雕塑的头像，代表亚历山大和阿蒙-宙斯的属性。

① **亲吻** 一位手执指挥杖的宫廷官员正在波斯波利斯王宫的觐见大殿受接见。来访者已经鞠躬，正在用手指轻轻擦过嘴唇完成亲吻礼。

② **波斯国王** 具有帝王特征的君主端坐于王座上，接受低阶官员向位于自己身后的高阶官员行"服从礼"。

③ **棍棒** 这位高官左手持棍棒。这种原始武器可能是古代皇家卫队使用的，是阿契美尼德王朝权力的象征。

④ **君主的权杖** 波斯国王右手中的权杖长1.5米，与王座高度相同，是王权至高无上的另一个象征。

⑤ **长生军** 一名皇家护卫（长生军）手拿长矛注视着眼前的场景。在他身旁是另一名等待被接见者，此人左手拿着一个篮子，篮子内或许是金银贡品。

神明才配尊享这样的仪式，而一个人类对另一个人类下跪则是奴化的标志——是奴隶行为，不配为自由人。

不和与谋反

那些作为自由人与腓力二世和亚历山大父子并肩作战过的人，他们还未做好把亚历山大当作神明的准备，因为这令他们感到卑躬屈膝。为了使所有人地位平等，亚历山大想把这个"服从礼"仪式推广到所有臣民，但是在军队中却引起了强烈反对。官方史官、亚里士多德的侄子卡利斯提尼（Callisthène）成为马其顿抗议派的发言人，他成功迫使亚历山大做出让步——只在"野蛮人"中推行这种制度。然而，亚历山大不会忘记卡利斯提尼的这次冒犯，后来更是以其他理由毫不留情地惩罚了他。

亚历山大挫败了针对他的两次谋反，不论是从后果还是从惩罚角度上而言都很严重。第一次谋反发生于公元前330年，导致菲洛塔斯（Philotas，高加米拉战役中伙友骑兵的首领）之死，从而间接造成了其父帕门尼翁之死。第二次谋反发生在两年后的公元前328年，被称为"侍从的谋反"（conspiration des pages），导致了卡利斯提尼的丧命。在这两次谋反中间，亚历山大还杀死了一名长期陪同的伙伴克利图斯（Cleitos）。

第一次谋反由亚历山大的近身侍卫德米特里（Démétrios）主导。谋反者德米特里的一个亲戚向菲洛塔斯告发了他，但见后者并无作为，告发者便直接向国王亚历山大告发了谋反的阴谋。亚历山大立即采取了行动，谋反者德米特里被逮捕并处决。菲洛塔斯在军队前受审，并被一致同意判处死刑。对于领导精英伙友骑兵的菲洛塔斯，我们很难知道他在这场阴谋中究竟扮演了什么角色。在马其顿贵族中，菲洛塔斯的地位和声望最高，仅次于他的父亲帕门尼翁。或许，因为菲洛塔斯曾吹嘘自己的地位和勇气，并且他的批判和傲慢态度引起了嫉妒和猜忌。但是，对菲洛塔斯的处决与其说是公正的审判，不如说更像是政治策略或者一个激愤的插曲。

亚历山大派出一名信使带着紧急军令火速赶往埃克巴坦那，帕门尼翁率领大军驻守在那里。在老将军帕门尼翁得知儿子菲洛塔斯的死讯前，信使骑着骆驼紧

伙友骑兵的忠诚与背叛

　　针对亚洲作战的持续，洗劫和焚毁波斯波利斯后所遭遇的各种失败，以及亚历山大采用波斯人的"服从礼"等，导致了伙友骑兵内部的分裂。

　　菲洛塔斯、帕门尼翁和卡利斯提尼三人的叛乱缺乏证据，这让历史学家们之间产生了分歧，其中亚里士多德侄子（卡利斯提尼）的角色不确定性非常大。但是，阿里安认为，卡利斯提尼曾认为亚历山大会像东方的独裁者那样统治，亚历山大因此不肯原谅他。显然，对于亚细亚之王（亚历山大）而言，政治或品德上的批评与背叛毫无二致。我们知道，卡利斯提尼对亚历山大持批评态度，他在克利图斯被杀后并未安慰亚历山大，还是反对波斯的君主崇拜和"服从礼"一派的领袖。亚历山大信任伙友骑兵的忠心，但也很重视叛徒分裂的风险，因此会对官员和士兵的往来信件进行审查。

　　插图　亚历山大最忠诚的伙伴赫费斯提翁（在战马旁边）的大理石还愿牌，现藏于塞萨洛尼基考古博物馆。

亚历山大大帝

　　公元前 3 世纪的希腊风格亚历山大大理石雕像，来自马格尼西亚（Magnésie du Sipyle，今土耳其马尼萨[Manisa]）。据一则铭文显示，该雕像是雕刻家马恩纳斯（Maenas）的作品。现藏于伊斯坦布尔考古博物馆。

急赶往米底旧都，而这封急令要求三名马其顿军官处决腓力二世的忠诚战友、曾在多场战役中表现得有勇有谋的指挥官帕门尼翁。"致命的一击，精准又无情，帕门尼翁为马其顿王室效忠了一生，却得到这样的回报。"英国历史学家阿尔伯特·布莱恩·博斯沃思（Albert Brian Bosworth）写道，"政治分歧之大让越来越专制的亚历山大无法忍受，一旦有机会便把他除之而后快。"

　　之前由菲洛塔斯指挥的伙友骑兵现在交给了两名忠诚得无可挑剔之人——赫费斯提翁和克利图斯，前者是亚历山大最亲密的朋友，后者曾在格拉尼库斯河战役中救过亚历山大的命，还是他乳母的兄弟。曾促成菲洛塔斯倒台的"将军们"形成了与王权最亲近的圈子，其中

包括克拉特鲁斯（Craterus）、赫费斯提翁、佩尔迪卡斯、科伊诺斯（Koinos）和托勒密。

但是，无底线逢迎支持亚历山大者，与怀念腓力二世的时代且反对新习俗者之间的紧张关系造就了一个新的牺牲品。事件发生于马拉坎达（Maracanda，今撒马尔罕［Samarkand］）的一个庆祝活动上。随着推杯换盏，在场之人的情绪也越发高涨，一些谄媚者把亚历山大比作狄俄斯库里（Dioscures）兄弟，即卡斯托尔（Castor）和波鲁克斯（Pollux），认为亚历山大和他们一样也是宙斯之子，并赞美这位拥有神明血统的英雄仅靠功勋和远征就完成了征服。但是，这些言辞令马其顿的老将们不悦。宴席上，因酒壮胆的克利图斯起身替马其顿老将们

亚历山大和罗克珊娜的联姻：融合的范例

尽管有一些浪漫传闻，如亚历山大曾宣称对这位以美貌出名的女子一见钟情，亚历山大和罗克珊娜的婚姻其实是深思熟虑后的政治行为。这是战略整合的一部分，始于保留的大流士三世时期的总督们——这些人放下武器不做抵抗，承认亚历山大是国王。

西西里的狄奥多罗斯撰写的亚历山大大帝传记（《历史图书馆》第17卷）中记载，在准备渡过赫勒斯滂海峡前的一次战略会议上，安提帕特和帕门尼翁就曾建议：在开始新的亚细亚征程前，亚历山大需要先成婚并诞下子嗣。这位20多岁的国王当时被推举为科林斯同盟盟主还不久，他则以一贯的荷马史诗式风格回答：假如在等待自己子嗣诞生的过程里令马其顿和希腊领袖们无所事事，他会感到羞愧。九年后，亚历山大成为亚细亚之王，拥有后代成为最急迫的事。自从火烧波斯波利斯之后，马其顿国王亚历山大遭受了几次重大挫折，他受了几次伤——这些伤口提醒他自己始终是个凡人——他还挫败了昔日战友们针对他的几次谋反。通过与罗克珊娜联姻，亚历山大可以让亚细亚诸侯们满意。随后，亚历山大把岳父奥克夏特斯——一位很有影响力的粟特贵族邀请至宫中。

插图 《亚历山大大大帝和罗克珊娜的婚礼》（*Noces d' Alexandre le Grand et de Roxane*），乔万尼·安东尼奥·巴齐（Giovanni Antonio Bazzi）约作于1511—1518年。现藏于罗马法尔内塞别墅。

发言，他赞扬了伟大的腓力二世，回顾了身经百战的士兵带来的数不清的胜利，又强调在格拉尼库斯河战役中是自己救了亚历山大一命。

亚历山大被克利图斯的言辞激怒后，对他采取了威胁的态度。克利图斯被一个同伴推出了宴会，但他只离开了大厅一会儿，不久就返回准备继续抗议。盛怒之下，亚历山大抓起一名卫兵的长矛刺向克利图斯，后者当场倒地身亡。不过，亚历山大很快就为这突如其来的暴怒懊悔不已，毕竟又一个他青少年时期的伙伴离他而去。

据说，亚历山大由于后悔曾试图自杀，把自己关在房内三日未进食。

几个月之后，在粟特发生了一起新的谋反，政治动机始终不明。这就是马其顿贵族青年们策划的"侍从的谋反"，他们曾共同守卫皇家寝室。由于亚历山大曾公开冒犯和鞭打他们的领袖，他们决定谋划刺杀国王，而亚历山大能躲过这次谋杀纯属偶然。在侍从们实施行动的当晚，亚历山大在宴会厅饮酒至拂晓，并没有返回寝室睡觉。一名共犯招供后，这次大胆而笨拙的谋反被发现了，所有人被立即逮捕、判刑，并以石击毙。

当时，卡利斯提尼负责教导这群年轻人，虽然人们无法证明他是否也参与了谋杀行动，但是他被指控教唆和煽动阴谋。于是，亚里士多德的侄子卡利斯提尼被当作阴谋煽动家，未经审判就被折磨和处决了。这位历史学家卡利斯提尼曾赞颂亚历山大的行动，他史诗般的宣传为年轻的君主带来了英雄的光环，却因反对东方的习俗、"服从礼"和仪式而间接付出了生命的代价。

继续征服

从公元前 330 年菲洛塔斯之死到公元前 327 年末卡利斯提尼之死的三年里，亚历山大在荒凉的地区艰难地进行着军事行动。沉浸于英雄主义光环和东方瑰丽的亚历山大，想控制曾属于波斯帝国的全部领土，以统治整个亚细亚（至少是希腊人所了解和当时认为属于亚细亚的全部领土）。这场行动确实很考验人，它既考验了亚历山大的勇气，又考验了他的谋略才能。

公元前 330 年 10 月初，亚历山大离开阿塔克那（Artacona）向南部进军。在接下来的几年里，他穿过了德兰吉亚纳（Drangiane）、阿哈什奥（Arachosie）和帕拉帕米索斯（Parapamisos），越过兴都库什山脉，深入巴克特里亚和粟特，然后回到高加索地区的亚历山大城，即今天阿富汗的巴格拉姆（Begrâm）——这是他在兴都库什山脉脚下建立的城市。这趟从高山到峡谷、从沙漠到荒野的征程，让亚历山大的军队与以独立为荣的好战民族展开了激战，包括伏击战和游击战。

在这片充满敌意的土地上，在恶劣天气的影响下，亚历山大展示了他的战略天才，同时他对经验丰富者也给予了极大关注。正如英国历史学家保罗·卡特力奇（Paul Cartledge）所记载的那样："一些军事指挥专家认为，就亚历山大在今天的阿富汗和中亚地区所实行的'平定'（pacif cation）行动，他值得被称为军事天才。当然，如果我们考虑到当时巨大的文化和政治不满的背景，甚至这种不满已经满溢并搅动马其顿宫廷的心脏，亚历山大的胜利就显得更加重要。"

在这些残酷的战斗中，有一件事需要特别强调，那便是公元前 327 年亚历山大与罗克珊娜（Roxane）的联姻——罗克珊娜是粟特贵族之女，是一位美丽的女子。这场结合很可能是出于政治目的，就如同亚历山大的父亲腓力二世之前经常做的那样，通过迎娶外族公主的方式确保联盟——这是一种以政治和外交方式而不必诉诸武力施以影响的做法。不过，国王与"蛮族"公主的婚姻令部分马其顿贵族感到不悦，但是也说明了亚历山大大帝所施行的是一种让所有臣民能亲善友睦的婚姻政策。

档案：战无不胜的军队

亚历山大对亚细亚作战的胜利，得益于基于纪律性的方阵和机动性的骑兵的强大军事力量。

亚历山大从父亲腓力二世那里继承了一个征服者的灵魂和可服务于其野心的工具，即当时最强大和善战的军队。这支军队在希腊的土地上证实了其高效性，在诸如喀罗尼亚战役中取得了令人难忘的胜利。腓力二世的军事天才通过不间断的战役打造了这支部队，直至他成为科林斯同盟的盟主。

腓力二世去世后，亚历山大以惊人的速度镇压了底比斯领导的叛乱联盟，在展现勇气的同时也体现了他作为军事指挥官的卓越才智。因此，当亚历山大穿过赫勒斯滂海峡来到亚细亚时，他确定可以信赖马其顿战士，当时的马其顿军队有3万名步兵和约6000名骑兵。面对波斯军队时，这支马其顿军队显得并不引人注目，但是其凭借纪律性和顽强的斗志，战胜了数量上远远超过他们的敌军。

布西发拉斯（左图） 身骑布西发拉斯的亚历山大青铜像，现藏于那不勒斯国家考古博物馆。

腓力二世时的武器

一枚公元前4世纪的印章显示，一名伙友步兵（pezhetairoi）身穿亚麻胸甲，佩戴腰甲或皮带（ptéryges）。当时，马其顿贵族都身穿护胸甲和头盔，配备双尖矛，是当时唯一的重装部队。公元前369年，步兵开始装甲化。十年后，腓力二世为步兵装备了长矛、可悬挂于胸前的小盾牌、头盔和胫甲。骑兵需要自备坐骑和装备，腓力二世却用王国的资金为伙友步兵提供了装备。前锋士兵使用两种头盔，即色雷斯头盔和皮洛士（Pilos）头盔，佩戴青铜胫甲。后卫部队则仅着长衣和头盔。方阵的所有士兵都头戴阿斯庇斯（aspis）盾牌，这是马其顿一种圆形的青铜小盾牌。

腓力的盔甲 维尔吉纳王陵内的铁质和黄金盔甲，出自公元前4世纪。现藏于维尔吉纳考古博物馆。

令人畏惧的马其顿方阵

马其顿方阵的基本构成为16排，每排16人的阵形。士兵双手执矛，用盾牌自卫，改良后的萨里萨长矛长度为4.5～5米，前端有50厘米长的枪尖，后端呈梯形，可立于地面上。这种长矛由马其顿国王亚历山大二世或其兄弟腓力二世于公元前4世纪引入，并彻底改变了战术。在防守和平地作战中，马其顿方阵非常有效，但是方阵本身鲜少赢得战争。

需要记住的是，腓力二世已彻底更新了希腊人的军事战略。当腓力二世在底比斯做人质时，他曾学习希腊传统作战术，那是基于重装步兵的猛烈攻击的战术，并曾有效打败了波斯人。在巨大盾牌的保护下，身披重甲的步兵举着长矛肩并肩，队形紧凑，但腓力二世改造了这种作战模式。

腓力二世用更加机动和紧凑的方阵取代了传统的重甲步兵方阵，配备了更轻便的战甲、更小的盾牌和长约5米的萨里萨长矛。马其顿的伙友步兵把盾牌悬挂于胸前，双手执萨里萨长矛，在行进时所遇的阻力远小于重装步兵，

他们行动更快，攻击也更具破坏性。

　　前五排的战士以水平方式执萨里萨长矛，后面战士的长矛垂直或倾斜以保护不被敌军击中，全部士兵构成一道尖锐的墙，人称"铁刺猬"。方阵的行列从 8 行增加至 16 行，以便增加冲击力和面对冲击时的抵抗力。

骑兵的作用

　　在腓力二世时代，伙友步兵的核心方阵从自由小农中征募而来。伙友步兵对军中领袖的服从加深了他们对君主的政治服从，他们也很可能因其效忠而得到赐予土地的奖励，因此他们与君主之间建立了个人关系。

这些长枪步兵分队得到了轻装部队、盾牌手和弓箭手以及骑兵的支持，马其顿人是主要的战斗力量。从前，希腊人使用骑兵来支持步兵执行侦察或追击敌人的任务。

在腓力二世和亚历山大的军队中，骑兵不论在战争还是政治方面都成为一股关键的战略力量。实际上，为了赢得王国内潜在的反对势力的支持，国王设法让骑兵成了他的伙伴（伙友骑兵）。这一殊荣属于马其顿贵族，他们通过服务取得报酬，也因此与君主有了个人的联系。腓力二世从伙友骑兵的子嗣中挑选王室子弟（Paides basilikes）陪伴亚历山大成长，这些人后来在远征中成为军事领袖。

伙友骑兵在战斗中负责掩护侧翼，向敌军正面的弱点发起冲锋，往往能冲破敌军防线，而他们的长矛令人望而生畏。亚历山大证实了这一战术的有效性，他亲自率领最优秀的骑兵，在喀罗尼亚和高加米拉对敌方阵形的中心进行了大胆的冲锋。

围城战

腓力二世的军事才能进一步体现在攻城器械的建造上，他的器械比前代的更加有效。腓力二世或许了解迦太基人在西西里（Sicile）使用的器械，招募工程师建造了更复杂的攻城塔和火炮，以可以远距离发射威力更大的弹丸；他还让人制造了攻城锤，安装于巨大的车轮上并有木壳保护，用于击打并撞开城门或打垮城墙。亚历山大懂得充分利用父亲腓力二世的教诲，他的身边是一群善于攻打要塞城市和建造矿井、运河的工程师。

在远征亚细亚期间，对于向其关闭城门的城市，亚历山大曾多次使用攻城器械以攻占城市，总共拿下了 15 座城市。其中，对推罗的围城战用时最长，也令人印象最深刻。这座伟大的腓尼基城市建有防御工事且四面环水，在此之前一直被认为坚不可摧，但在经过七个月的围城后终于被亚历山大的军队攻陷。马其顿人使用攻城器械方面的进步，为亚历山大手下的一名将军、后来成为继业者的德米特里一世（Démétrios Ier）赢得了"攻城者"（Poliorcète）的称号。

战争器械：投石器和攻城塔

　　亚历山大的军队依靠从方阵到突击战术等一切军事手段，成为当时异常强大的军事力量。腓力二世父子训练军队采用攻城战，亚历山大最伟大的一次军事行动是公元前332年围攻腓尼基城市推罗。为了夺取建于腓尼基沿海小岛上的这座堡垒，亚历山大下令建造一道大型土堤，用以移动两座与城墙等高（40米）的攻城塔。公元前304年，"攻城者"德米特里一世于围攻罗得岛时极有可能建造和使用了这种活动攻城塔。投石器在较低的楼层用于削弱城墙，较高楼层的弩炮则用于消灭守军。

❶ **活动攻城塔**　高40米，分九层，每层都配备窗口和护板，用于发射各种类型的射弹。

❷ **弩炮**　用于攻打位于城墙顶部——与他们所在位置高度的守军。

❸ **投石器**　位于攻城塔二层，大小不一，用于对城墙发射重石块。

❹ **器械**　松木和杉木制作的攻城锤和长木板。

❺ **轮轴和车轮**　使用橡树或白蜡等硬木制成，也用作长横档，并覆盖铁皮。

公元前 334 年春，亚历山大的军队在马其顿的安菲波利斯集结，渡海后于亚细亚海岸加入两年前腓力二世派出的由帕门尼翁指挥的远征军，由此开启了为期十年的漫长征途，直至亚历山大去世。

在亚历山大军队的 4 万名士兵中，有三分之二是马其顿人。来自马其顿北部的色雷斯人、派奥尼亚人、特里巴利人、色萨利人和希腊雇佣兵，在珍贵战利品的诱惑下也加入了行列。亚历山大在战斗中更信任马其顿人，把其他部队作为援军或者部署在战略地位较低的地方。

为应对远征军的挑战，军事战略逐渐改变了，新的作战部队也应运而生：可在陡峭地形快速行动和介入作战的骑兵和轻装部队，以及探险家和翻译分队，甚至还有一支骑象部队。

军队的指挥权往往交由经验丰富的指挥官，如腓力二世时的老将帕门尼翁，或者亚历山大的伙伴如克利图斯、菲洛塔斯、佩尔迪卡斯、赫费斯提翁和托勒密。

与士兵同行的是数不清的仆役、奴隶、姘妇、商人、妓女、小贩，以及数量庞大的役畜。大量战车运载了器械、粮草和牲畜，足以让军队维持几周，但在那之后就需要随着军队的推进在战地寻找物资。因此，远征军一个最大的风险就是无法保证供给。

纪律严明的军队

后勤和纪律是战争取胜的两个基本要素。当小亚细亚的波斯总督们拒绝了希腊雇佣兵首领门农的"焦土政策"后，命运对亚历山大微笑了。在伊苏斯战役中，波斯贵族们不做任何抵抗，他们快速决定投降，给入侵者提供了对于军队补给非常宝贵的广阔而富饶的土地。

亚历山大身边还有一群研究沿途国家地理、动物与植被的学者，他们或许向博物学家亚里士多德发送了详细的报告，而测绘师负责计算走过的距离、保持通信和绘制新近探索地区的地形。

军队在军事行动期间恢复了人员补给，既要弥补疾病和伤亡造成的减员，还要缓和因沿途驻军导致的士兵和军官的缺失。为了弥补四大重要战役（伊苏斯战役、格拉尼库斯河战役、高加米拉战役和希达斯皮斯河战役），以及波斯北部敌对地区和远征印度途中的伏击战导致的人员伤亡，亚历山大从马其顿数次调来大批年轻士兵。

然而，高加米拉战役之后，马其顿和希腊援军已经数量不足，必须把亚细亚军人纳入军队，其中主要是波斯人。亚历山大很早就有了这个想法，他挑选波斯贵族青年组建护卫队，也就是著名的长生军（Mélophores）。在步兵方阵方面，则以3万名波斯士兵扩充队伍。即使在此之前只有马其顿人有资格加入的伙友骑兵，如今也加入了帕提亚骑兵，后者是骑马作战的专家。

虽然马其顿老兵对新兵的加入持保留态度，但是后者毫不费力地融入并成为多数派。公元前323年，约2万名亚细亚士兵加入亚历山大的军队，至此马其顿人在军队的数量不足三分之一。由于军队的组织性和纪律性，在长达2万公里的征程中，这支队伍维持了九年的凝聚力。

在古希腊的古典时期，军队的士兵根据社会阶层分为步行的士兵和骑马作战的士兵。当城邦需要他们护卫或与临近城邦作战时，这些士兵就会被动员起来。

随后，雇佣兵出现。例如，公元前401年的库纳克萨（Counaxa）战役中，在幼发拉底河畔与小居鲁士（Cyrus le Jeune）并肩作战的，就是曾对抗其兄弟的阿尔塔薛西斯二世（Artaxerxès II）的军队。希腊雇佣兵以善战著称，大流士三世也招募了几千人，交由著名的战略家罗得岛的门农指挥。

军事优势

马其顿军队在战术组织、训练和作战器械方面，远胜希腊世界的任何一支军队。腓力二世在希腊的胜利战争中对其进行了检验，亚历山大则完善了其组成和战略。这支主要由马其顿人组成的突击队，忠于带他们参战的君主，做好了冒险和征服的准备。

亚历山大死后，共同的民族血统变得不再重要。继业者们的职业军队由雇佣兵

战争　维尔吉纳腓力二世陵墓内的黄金箭筒，描绘了战争的场面。现藏于塞萨洛尼基考古博物馆。

组成，听令于招募他们并支付酬劳的领袖。这样一来，雇佣兵随时可投身于其他军阀麾下，只要对方承诺支付更好的战利品。

　　从汉尼拔和恺撒到拿破仑和华盛顿，这些伟大的军事领袖从来不掩饰对古代最伟大将军们的欣赏。事实上，亚历山大是一位出色的指挥官，既关心部队的士气，又关注战场上最有利的形势，是一位既有非凡胆识又能及时预测敌军动向的天才军事战略家。亚历山大对每场战斗采取有针对性、有计划的战略，显示了他的坚韧和高瞻远瞩。

深受敬仰的领袖

对亚历山大大帝军事行动的一份详细研究显示，有一个因素对他的行动胜利起着决定性作用，即他在士兵中的威望：他的部下视其为偶像，因为他不论是指挥作战还是战斗中的表现，都展现出了堪称典范的智慧和勇气。

亚历山大的部队以近乎盲目崇拜的精神追随着他。这位冲动的君主总是带领战友们进攻，并在战斗最激烈的时刻以英雄主义的热情冲锋陷阵。在格拉尼库斯河战役和高加米拉战役中，亚历山大身骑布西发拉斯（Bucéphale，亚历山大的爱马）发起决定性冲锋。在这两次交锋中，亚历山大都以不可阻挡之势冲入敌军阵线中心，而波斯国王大流士三世正在那里乘战车指挥作战。大流士三世每次都被这种势不可当的进攻惊吓，不敢与其对峙而转身就逃，造成自己队伍的混乱和突然撤退。这两场战役的命运就这样决定了，其中庞贝城的镶嵌画便展现了战役中惊心动魄的一刻。

然而，这种勇敢是有风险的。军队的士气和征服的继续都完全依赖于这位年轻君主的性命，他不会在遥远的指挥部指挥作战，而是像他崇拜的英雄阿喀琉斯一样身先士卒，把自己暴露于敌军的长矛和弓箭下。正如亚历山大的死亡所揭示的那样，没有任何一个将军的威望足以取代他。

亚历山大的继业者们瓜分了他的遗产。他们的部队完全照搬了亚历山大的部队，由马其顿人和雇佣兵组成。亚历山大的所有继业者都想成为他，但他们首先是"军阀"，为统治和扩大自己的领土而战；他们中的一部分人确实成了优秀的战士，但是没有一个人具备亚历山大的英雄气概，也没有一个人有他那样宏伟的目标。

东方的英雄

　　公元1世纪的罗马大理石雕像，狄俄斯库里（Dioscure）形象的亚历山大，来自昔兰尼。现藏于昔兰尼考古博物馆。

　　插图（右侧） 公元前6世纪—公元前4世纪的金手镯，饰有一对带翼狮鹫头，来自奥克索斯宝藏。现藏于伦敦大英博物馆。

进军印度

---∞---

　　对于古典时代的希腊人而言，印度遥远而神秘，是著名的远东世界（"有人类居住之地"）。在古希腊人的想象中，这些遥远的土地代表了异国情调和非凡的财富之地，充满了奇迹和怪物。马其顿人在那里与无数的民族作战，直至他们想回家的愿望战胜了亚历山大的意愿。

---∞---

印度一度成为公元前6世纪末希腊航海家卡利安达的希拉克斯（Scylax de Caryanda）和公元前5世纪下半叶希罗多德及克特西亚斯（Ctésias）的写作主题。当时，人们认为那里的大河印度河与尼罗河相连，河岸旁生活着鳄鱼、大象，以及奇特而生动的动物，如巨蚁、带翼狮鹫、侏儒和狗头人。实际上，在亚历山大率领军队踏上这片土地之前，没有任何一个希腊人真正探索过这片被认为"在世界的最东端之地"。

远征并非简单的征服，它也是一场探索之旅。但是，远征并不会因此终结神话般的印度古代传说，而是以新的故事来充实它，这些新故事丰富了希腊人的想象力，继而丰富了中世纪的动物寓言。有些地区仍保留了对伟大的国王的记忆，而有的士兵则以侨民身份在当地定居，然后把希腊主义（l'hellénisme）传播到偏远的旁遮普（Pendjab）地区。

在惩罚过杀死大流士三世的叛徒后，亚历山大继续推进，征服了帝国东北部的高地。亚历山大首先探索了阿利亚（Arie）、德兰吉亚纳（Drangiane）和阿拉克西亚地区（Arachosie，今阿富汗），随即穿越了巴克特里亚（Bactriane）和粟特（Sogdiane）的山区。在两年多的时间里，亚历山大不得不与好战的民族作战，穿过荒无人烟的地区，翻越兴都库什山（Hindu Kush）和壮观的雪山（比汉尼拔翻越阿尔卑斯山脉还要艰苦），向坚不可摧的堡垒发起冲锋。

在行军旅途中，亚历山大建立了众多城市：亚历山大-阿拉克西亚（Alexandrie d'Arachosie），即今坎大哈（Kandahar）；亚历山大-高加索（Alexandrie dite du Caucase），即今喀布尔（Kaboul）附近；亚历山大-马尔吉亚纳（Alexandrie de Margiane），即今土库曼斯坦的马雷（Mary）；阿姆河河畔的亚历山大-奥克索斯（Alexandrie de l'Oxus），是著名的阿契美尼德王朝宝藏（又称奥克索斯宝藏[Trésor de l'Oxus]）的所在地；以及位于雅克萨提斯河[6]（Jaxartes，又称雅克萨特河[Iaxarte]）即今锡尔河（Syr-Daria）河畔的亚历山大-埃斯哈塔（Eskhatè，意为最遥远之地）。

为了进行这次新远征，亚历山大招募了新的部队。亚历山大不得不以勇气和坚韧面对好战的"野蛮"民族，以及不满他采用东方习俗的最亲密的朋友的反对。菲洛塔斯、帕门尼翁、克利图斯和卡利斯提尼等亚历山大曾经的亲密战友，有人因政治原因被他下令处死，有人死于他突然的暴怒。

公元前327年春，亚历山大在帕拉米索斯（Parapamisos，兴都库什）地区集结部队，前往印度北部（今巴基斯坦）和印度河谷以及"五河地区"（古波斯旁遮

---

[6] 雅克萨提斯河，希腊语Jaxartes，今锡尔河。中国古代称药杀河。——译者注

普）。根据普鲁塔克的记载，亚历山大率领一支 10 万名步兵和 1.5 万名骑兵的军队，因此他认为可以把亚细亚帝国的边界拓展至东方海域之外，直到有人居住的陆地尽头的大洋彼岸。犍陀罗（Gandhara）和信德（Sind）地区于公元前 515 年被大流士一世征服，但由于阿契美尼德王朝君主距离太远而无法实施有效统治，该地区后来获得独立。

促使亚历山大发起这次东进的目的为何呢？他很可能声称要以波斯王位继承者的身份统治过去属于阿契美尼德王朝的领土。但是，亚历山大的固执中有更深层的缘故：一种热切的愿望，以特有的悲凉表达，将他引向遥远的大洋彼岸；在希腊神话的概念中，这片大洋环绕着人类居住之地。

亚历山大想象中的亚洲尽头更近，位于兴都库什山的另一侧。亚历山大认为当他抵达海洋的边缘时，他将如锡瓦的阿蒙–宙斯的神谕所预示的那样成为世界之王。这片神奇土地上的大量神话和传说，刺激亚历山大产生了模仿甚至超越旅行之神赫拉克勒斯和酒神狄俄尼索斯的想法。

直至世界尽头：旁遮普

亚历山大再一次翻越了积雪覆盖的兴都库什山脉向东进发，用残酷的手段征服了该地区好战的部落。亚历山大摧毁了城市，消灭了胆敢反抗他的人，夺取了像鹰巢一样的堡垒，如奥诺斯山（Aornos）是传说中赫拉克勒斯都无法攀登的高峰；他在茂盛的葡萄藤和常春藤间举办庆祝活动，据说这里是狄俄尼索斯诞生的东方摇篮；还在湍急的印度河上建造了许多桥梁。

一部分印度酋长臣服了，另一部分则坚持战斗直至被打败。塔克西拉（Taxila）地区的王公（rajah，音译为罗阇）塔克西莱斯（Taxilès）按照承诺向亚历山大致敬，把自己的王国变为亚历山大帝国的行省。但是，在希达斯皮斯河（Hydaspe）的另一边，一支大军在波洛斯（Poros）的指挥下等待着亚历山大，这位拥有 5 万名战士、300 头大象和 200 辆战车的波拉瓦王国（Paurava）令人敬畏的王公已经做好了应战准备。

亚历山大大帝的远征：直至世界尽头

亚历山大控制海洋后，将希腊议会的权力机关强行迁至斯巴达，征服了波斯帝国的领土并推进到帕提亚边境，成功说服当时集结的部队留在亚洲，以防止被征服的人民反攻。

返回埃克巴坦那后，亚历山大部队中的许多人决定不再继续远征，认为征服战争已经实现其目标。希腊士兵选择接受提供给他们的丰厚报酬并返回希腊，他们既没有兴趣继续深入亚洲东部地区，也没有兴趣为希腊盟主（亚历山大）的帝国战斗。但是，马其顿人不同，伙友骑兵、精英军团（hypaspiste）和轻装步兵（peltastes）对梦想"征服亚洲，直至世界尽头的大洋"的领袖而言是不可或缺的。对于亚历山大和其同时代的人而言，世界是扁平的，并且分为三部分：欧洲、利比亚和亚洲。作为亚细亚之王，亚历山大需要继续朝着王国的东部边境行军，也已经向众神禀明希望支持这个计划。马其顿人紧随其后，但是他们为数不多。亚历山大在安纳托利亚、叙利亚和埃及招募新兵，还把曾追随大流士三世的贵族纳入骑兵团。亚历山大雇用了希腊、巴尔干和亚洲的雇佣兵，组建了一支帕提亚骑兵团，并积蓄了大量用于围城战的器械。但是，在翻越兴都库什山之前，亚历山大必须与东北部的各省作战，以扑灭在他不在时可能兴起的任何起义的苗头。

公元前323年的亚历山大帝国
公元前331年—公元前326年前往东方的路线
公元前326年—公元前323年返回路线
● 亚历山大大帝建立的城市
○ 其他城市
✕ 主要战役
▲ 公元前326年远征所到最远之处
阿利亚（古波斯行省）总督
马拉人 人种

事实证明，波洛斯是一位骁勇、顽强的对手，但亚历山大这位出色的战略家率领军队在激烈的战斗中经过多次冲锋后最终取得了胜利，他的部队成功渡河而未被发现，超越了有敌人纵队埋伏之地。

亚历山大命令骑兵团和方阵斜向进攻大象兵团和印度部队，从而在敌军中播下了混乱和慌乱的种子。马其顿的军事战术决定了战争的结果。大象在战斗初期曾取得重大优势和进展，但是此后在尖叫和喧闹的刺激下变得兴奋，从而引起了大范围的混乱。

不可战胜的马其顿军队最后的这场伟大战役发生于公元

斯基泰人

亚历山大-埃斯哈塔（苦盏）

布哈拉　马拉坎达（撒马尔罕）

粟特

亚历山大-马尔吉亚纳（马利亚）　亚历山大-奥克索斯

马尔吉亚纳

巴克特里亚城

巴克特里亚

亚历山大-帕提亚

赫卡通皮洛斯

希尔卡尼

亚历山大-阿利亚（赫拉特）

阿利亚

亚历山大-高加索（格拉汉姆）

兴都库什山（喀布尔）

布西发拉

塔克西拉

尼西亚

希达斯皮斯河战役（公元前326年）

帕提亚

亚历山大大城（加兹尼）

阿奥诺斯战役（公元前327年）

波斯

亚历山大-阿拉科西亚（坎大哈）

阿拉科西亚

亚历山大-普洛夫达西亚

德兰吉亚纳

帕萨尔加德

波斯波利斯　亚历山大-卡尔马尼亚

卡尔马尼亚

格德罗西亚

木尔坦

亚历山大-印度

希法西斯河

塔尔沙漠

阿塞西纳河

魏德拉奥提斯河（拉维河）

亚历山大祭坛

桑加拉

奥克西德拉基

印度

哈默奇亚（霍尔木兹）

普拉（伊朗沙赫尔）

亚历山大大城

帕塔拉

俞德

印度洋

库奇湾

昌巴尔河

前 326 年 6 月。波洛斯的两个儿子在对抗中阵亡，王公本人也因攻击而受伤，他骑在大象上目睹了这场可怕的屠杀后不得不接受失败。尽管数字会因宣传需要而被篡改，但公元 2 世纪的希腊历史学家弗拉维斯·阿里安（Flavius Arrien）在其著作《印度记》（Indica）中统计，在这场战役中印度损失 2 万余人，马其顿仅折损 310 人。西西里的狄奥多罗斯透露，波洛斯阵营死亡 1.2 万人、9000 人被俘，亚历山大部队阵亡将近 1000 人。

一则著名的轶事体现了亚历山大的宽宏大量。当因顽强抵抗受伤而被俘的印度王公波洛斯被带到亚历山大面前时，

阿契美尼德王朝神奇的奥克索斯宝藏

1880年左右，在阿姆河（古称乌浒河）北岸今塔吉克斯坦（古代为巴克特里亚）境内、古代称为奥克索斯的地方，发现了一批阿契美尼德王朝（公元前6世纪—公元前4世纪）的宝藏。这批微型战马、战车、钱币、戒指、手镯、雕像和许愿牌是在印度的英国人的私人收藏，1897年后被捐赠给大英博物馆。

① 缩微黄金战车 这是奥克索斯宝藏最精美的作品。它长19.5厘米，高7.5厘米。据推测，大英博物馆收藏的一片黄金碎片就来源于该作品。其样式与大流士三世在伊苏斯战役镶嵌画中所乘的战车相似，该镶嵌画现藏于那不勒斯国立考古博物馆。

② 套车 由4匹长腿马组成，有可能是本地小马。

③ 车的前缘 上面饰有埃及民间保护神贝斯（Bès），他的形象为一个狮子脸的侏儒。

④ 玛代 战车上的两人身穿公元前5世纪米底人的服装，米底位于今伊朗中部地区。

当地艺术家制作的一个穿耳洞男子的实心金头，这或许是一个木头或陶瓷小雕像的一部分。

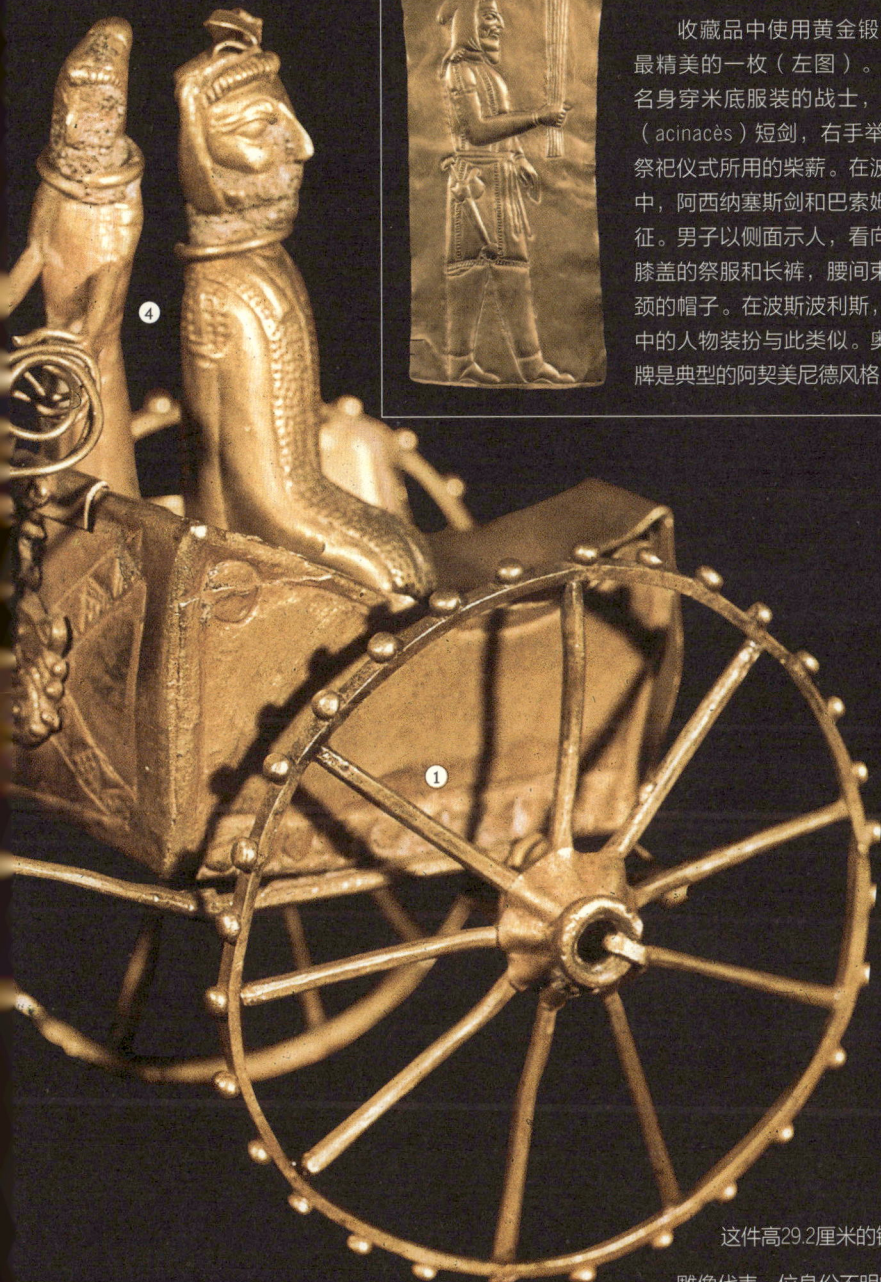

阿契美尼德风格

收藏品中使用黄金锻造的50枚许愿牌中最精美的一枚（左图）。许愿牌上雕刻了一名身穿米底服装的战士，他腰悬阿西纳塞斯（acinacès）短剑，右手举巴索姆（barsom）祭祀仪式所用的柴薪。在波斯波利斯的浅浮雕中，阿西纳塞斯剑和巴索姆仪式是两个常见特征。男子以侧面示人，看向右方；他身穿直到膝盖的祭服和长裤，腰间束带，头戴一顶带护颈的帽子。在波斯波利斯，大流士宫殿浅浮雕中的人物装扮与此类似。奥克索斯宝藏的许愿牌是典型的阿契美尼德风格。

④

①

这件高29.2厘米的银质许愿雕像代表一位身份不明的神明，虽然他留有波斯发型，他的形体却体现了希腊美学的影响。

在希达斯皮斯河战役中与大象作战

在亚历山大最后一次伟大的战役中，他邂逅了印度波拉瓦（Paurava）王国的罗阇[7]波洛斯。马其顿军队在数量上占优势，但是它们不得不与当时最重量级的军队作战——由200头大象组成的军团。

根据西西里的狄奥多罗斯的记载，部署在希达斯皮斯河（Hydaspe）岸边大平原上的波洛斯部队，就如同布满塔楼的城墙。印度步兵每10人一列，每15米设有一头重达15吨的大象。这200头公象身覆水牛皮，悬挂牛铃，铃声可令它们兴奋并震慑敌军。每头大象上坐着4名战士，他们佩带着弓箭和标枪。大象高3.5米，它们用鼻子作为棍棒，践踏它们的对手，把人和马匹卷到它们覆盖尖锐铁齿的獠牙上。亚历山大的马匹不敢靠近大象，但是萨里萨长矛吓得大象掉头在波洛斯的军队乱窜，造成了踩踏。

右图 《亚历山大大败波洛斯》（*La Défaite de Porus par Alexandre*），弗朗索瓦-路易-约瑟夫·沃托（François-Louis-Joseph Watteau）作于1802年左右。现藏于里尔（Lille）美术宫。

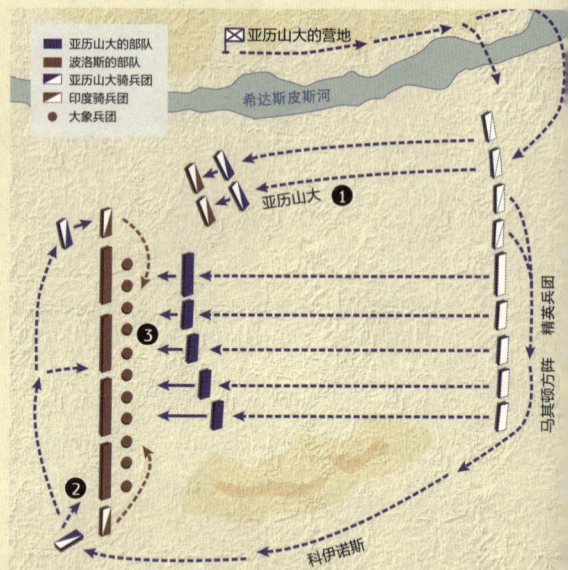

❶ **进攻** 亚历山大命令弓箭手射击左翼的印度骑兵，并向其发起冲锋。

❷ **战略** 科伊诺斯与骑兵隐藏于方队后方，向右翼的印度敌军发起奇袭。

❸ **失败** 印度骑在大象间逃窜，致了大象的恐慌溃散。

后者曾问他："你希望被怎样对待？"波洛斯回应道："以国王之礼对待。"亚历山大欣赏波洛斯的自尊和勇气，以对待波斯总督们的方式对待他，即保留他的王位并让其成为自己的盟友。

亚历山大在战争发生地建造了一座名为尼西亚（Nicée）的城市，以此纪念他的胜利。在河对岸，亚历山大还建造了一座名为布西发拉（Bucéphalie）的城市，以纪念他的

---

[7] 罗阇，古印度统治者的称号，意为王。——译者注

坐骑布西发拉斯——这匹骁勇的战马已长眠于这片土地。
一位历史学家认为，亚历山大亲自驯服的这匹战马死于疲
惫和衰老，但是有其他记载显示它死于战斗中受到的攻击
伤。亚历山大为最忠诚的伙伴的逝去而痛哭，这匹马从在
父亲腓力二世的宫廷起，直至亚洲最远之处，一直陪伴在
他的身边。为了纪念这匹马，亚历山大以其名命名了他新
建立的这座城市。

征程继续。亚历山大渡过了另外两条河——亚塞西捏

布西发拉斯：亚历山大的传奇战马

亚历山大驯服布西发拉斯的壮举，被当作他最初的功勋载入史册。彼时，马其顿王子亚历山大不过是一介少年。这匹参与过所有战役的战友（战马），以害怕自己的影子而闻名，或因战斗或衰老于公元前 326 年死在希达斯皮斯河附近。

布西发拉斯曾参与了亚历山大的所有战役。从喀罗尼亚到希达斯皮斯河，经过底比斯、格拉尼库斯河、高加米拉等战役，布西发拉斯身负亚历山大十九年，为亚历山大长达十九年的战斗和骑士生涯服役。但是，当少年亚历山大驯服布西发拉斯时，它并无任何奇特之处，只是据说这匹马害怕自己的影子。然而，它却成了"征服者"亚历山大忠诚和心爱的坐骑。对于一名古代战士而言，战马远不只是一件武器。在亚历山大的想象中，他的坐骑或许是他命运中的主角。亚历山大为纪念布西发拉斯而在洪泛区建立了以其为名的城市，而这座布西发拉城曾历经了百余次季风的考验。

插图 身骑骏马布西发拉斯的亚历山大青铜雕像。

斯河（Acésinès）和锡德拉奥提斯河（Hydraotes，今拉维河），与盘踞在桑加拉城（Sangala）的马拉人（Malles）的密集部队展开了激战。与该地区的其他城市一样，在付出巨大代价后，桑加拉城被攻占并被摧毁，士兵们奸淫妇女，杀死了所有男子和儿童。公元前326年8月，亚历山大抵达旁遮普最东边的河流——希发西斯河（Hyphase，今比亚斯河）。

马其顿人的反叛

亚历山大知道他并没有抵达亚洲的最远处，在希发西斯河对岸是一片无垠的沙漠和土地，一直延伸至一条宽广而神圣的河流——恒河（Gange）。亚历山大猜测这片土地由国王们掌控，国王则得到强大军队和众多大象的支持，但这一切都无法阻止不知满足的征服者。然而，当亚历山大下令继续行军时，马其顿的老兵们造反了。

马其顿人此时在军队中虽然不占多数，他们却是最忠诚的士兵和队长，展示了远超于任何人的勇气和敏捷，是这支不可战胜的队伍的核心。他们用拒绝继续行军的方式表达内心深处的不满。八年来，行军打仗早已令他们筋疲力尽，其间他们跋涉超过2万公里且不断遭遇困难和危险，身体因行军、战斗、高温、野兽和暴雨而疲惫不堪，他们再也无法忍受了。

一段时间以来，马其顿老兵们已无法理解亚历山大的计划，也无从得知向东推进的野心会将他们带离多远。科伊诺斯（Koinos）是最年长的将军，他成为军队的发言人，军队要求返回距离越来越遥远的祖国。亚历山大责备他们的不信任，指责他们缺乏野心，藐视他们把君主抛弃在遥远的土地和敌人之间而返回故国的做法，并威胁说将独自带领在亚洲招募的部队继续行军。

但是，"叛军"并没有屈从于国王。经过三天的独处后，亚历山大走出帐篷，下令向诸神献祭（这次远征的预兆很糟糕），并决定执行他们渴望已久的返程。激动之下，"他们异口同声地欢呼。他们中的大部分人激动地哭了，还有一些人因为亚历山大向他们做出让步而跑到皇家帐篷前为他祈福无数次"（阿里安《亚历山大远征记》[*Anabase*] 第5卷第6章）。

艰难的返程

亚历山大建造了 12 座祭坛，每座祭坛对应希腊万神殿的主神，以此纪念他的远征曾到达同赫拉克勒斯和狄俄尼索斯同样遥远之处。随后，亚历山大下令沿印度河启程南下。部分军队登上了为此行建造的军舰，各种类型和不同吃水深度的小船近 2000 艘、战舰 80 艘，以及众多运输船顺着河流而下，令两岸居民叹为观止。另一部分军队步行离开，有时不得不与沿途的当地人作战。其中，信德地区的战斗更加激烈，亚历山大因此建立了一个新的行省。

公元前 325 年 1 月，亚历山大在印度河三角洲的首府帕塔拉（Pattala）安营，并在那里组织军队返回巴比伦。亚历山大把军队兵分三路，第一路由克拉特鲁斯（Cratère）率领，穿过阿拉克西亚（Arachosie）、德兰吉亚纳（Drangiane）和卡尔马尼亚（Carmanie）等北部山区。亚历山大与第二路军沿印度洋海岸附近向南推进，穿过了可怕的格德罗西亚（Gédrosie）大沙漠。尼阿库斯（Néarqu）被任命为海军舰长，率部队从帕塔拉出发航行至波斯湾。

回程是一项勇敢而大胆的灾难之旅。尼阿库斯的舰队航行在未知的水域，停泊于荒凉的地方，缺少供给和中途停靠困难压垮了他们。亚历山大的队伍由士兵和包括妇女、儿童在内的 6000 名陪同人员构成，这支队伍经历了最艰苦的磨难。在穿越格德罗西亚大沙漠时，亚历山大险些丧命——据说巴比伦女王塞弥拉弥斯（Sémiramis）与居鲁士大帝都未能穿越此地，他们的尝试几乎从未成功——这个传说激励了亚历山大。

然而，由于这项举措毫无意义，所有人都认为亚历山大只是在惩罚这些拒绝继续"向世界尽头"行军的士兵，并且许多人死于饥渴。经过六十天的痛苦跋涉后，当终于抵达格德罗西亚的首府普拉（Pura，今伊朗沙赫尔［Shahr］）时，这支军队只剩下不足 1.5 万人，他们精疲力竭且衣衫褴褛。这支强大的军队带着胜利和丰厚的战利品离开印度河口，此时却只有四分之一的人得以幸存且没有了坐骑，他们历经磨难后既悲惨又绝望。

公元前 325 年末，这些幸存者与克拉特鲁斯的部队会合于肥沃的卡尔马尼亚东

部。亚历山大组织了一场激情澎湃的庆祝活动，他如同旅行者之神自印度胜利而归，而人们用壮观的游行和长达七天七夜的纵情狂欢庆祝这一壮举。经过艰难的航行后，尼阿库斯的庞大舰队停泊在了波斯湾的霍尔木兹港（Ormuz），他获悉了亚历山大到达卡尔马尼亚的消息后，启程去面见国王。自舰队驶离干旱的海岸后，亚历山大便再也没有得到尼阿库斯的消息，再次相见的巨大喜悦笼罩了二人，他们喜极而泣，用盛大的庆典来庆祝重逢。

克拉特鲁斯与其军队、大象和物资也抵达了卡尔马尼亚。经过漫长的跋涉，他们穿越了阿拉克西亚和德兰吉亚纳，但未遭逢意外。克雷安德罗斯（Cléandre）、赫拉孔（Héracon）、西塔尔西斯（Sitalcès）和阿伽颂（Agathon）的部队也在

格德罗西亚

这片干旱荒凉的沙漠地区位于今伊朗南部，穿越这片土地的漫长旅程持续了两个月，导致跟随亚历山大返回巴比伦的队伍中有 4.5 万人丧生。

总督在帝国管理中的职能

对亚细亚东部的征服行动，加剧了将新近臣服的前任君主和总督们纳入帝国管理的需要。为了抵达大海，亚历山大需要赢得所有波斯人的效忠，但是当他不在时总督们酝酿了其他计划。

亚历山大颁布了一项有利于促进统一的法令，由于总督们的专制倾向，通过这条法令可以让波斯臣民有权向其求助以解决与当地总督的争端。在亚历山大长久的缺席期间，因臣民发起的司法请求而需进行的审讯被推迟，直到他自东方帝国的边境返回之日。当亚历山大返回后，增加了对不良官员的调查和审判，导致公元前325年底整个帝国范围内的总督和行政官起兵造反。最终，7名高官和2名帝国政府的希腊军人被审判，并被判处死刑。经过这场"行政清洗"，民政权与军权在各行省和军队内部被严格区分开来。于是，一种新的军队组织——希腊-波斯混合军队建立起来，公共财政被集中管理，整个亚细亚王国所需的金银币在巴比伦铸造。但是，针对波斯政府制度的改革并未发生。亚历山大依靠经过"净化"和受到更严格控制的行省继续行使专制。

插图 公元前400年的涅瑞伊得斯（Néréides）纪念碑的檐壁，来自吕基亚，描述了两名男子向一位总督致敬。现藏于伦敦大英博物馆。

卡尔马尼亚会合，他们自米底赶来，由数千名状态良好的士兵组成，包括色雷斯雇佣兵和奥德利西亚人（odrysiens）等——他们的增援很及时。阿利亚和德兰吉亚纳总督斯塔萨诺尔（Stasanor）与帕提亚国王法利斯曼（Pharismane）带着骆驼、马匹、大量牲口和粮食，也前来与他们会合。

在卡尔马尼亚这片绿色而肥沃的大地上，亚历山大和他的属下们从过去的悲惨中恢复过来。人们组织了游行、庆典和献祭来感谢宙斯、阿波罗和波塞冬，所有人都获得了奖励和荣誉。

随后，按照亚历山大的计划，尼阿库斯的舰队继续沿

着波斯湾海岸行驶，进入底格里斯河下游，之后沿河而上，直至苏萨。赫费斯提翁带领主力部队、行李和大象，穿过和平的沿海地带来到苏萨与舰队会合。至于亚历山大，在马其顿骑兵和轻骑兵及弓箭手的陪同下，向帕萨尔加德和波斯波利斯附近的内陆山地进发。

　　亚历山大不得不面对他所任命的总督和执政官在当地造成的混乱和贪污行为。他们中的某些人如同绝对君主，无限地敛财和压榨百姓；他们不再在国王的权威下行事，而是如同东方暴君那样任性妄为。亚历山大远征"遥远的大地"不在其位的六年，助长了地方的专制主义；他在格德罗西亚离世的谣言，刺激了那些行使代理权却没有实际掌控权力者在帝国广大土地上的滥用职权行为。为了保障和维护王室的权威，这一系列越矩行为必须受到惩罚。

事不宜迟，亚历山大采取了必要而严厉的惩戒措施。为了恢复信任的环境和公正的权威，亚历山大表现得铁面无私，反抗马其顿驻军的叛乱和最骇人听闻的腐败都遭受了严厉的处罚。在米底自立为王的贵族巴利亚克赛斯（Baryaxès）被总督阿特罗巴特斯（Atropatès）囚禁并处决。克雷安德罗斯、西塔尔西斯和阿伽颂等将军被指控犯下严重的舞弊罪（抢劫、暴力、渎圣），也被判处死刑。克拉特鲁斯捕获了波斯人奥丹尼斯（Ordanès），随后其被审判并处决。

波斯中部的总督奥尔辛内（Orxinès）在亚历山大到来时曾赠与他大量礼物，并且以居鲁士大帝的后代自居。但当亚历山大在前往帕萨尔加德拜祭居鲁士大帝的坟墓时，他发现其坟墓被亵渎，尸体和遗物的碎片散落一地。奥尔辛内徒劳地解释并把罪责推给该地区的占星师，后者经历严刑拷打后被认定无罪，而奥尔辛内被钉死在十字架上。亚历山大下令修复居鲁士大帝的墓地，以示对波斯皇家传统的尊重。

亚历山大的态度令他的老朋友哈帕洛斯感到害怕，他负责管理皇家财政和国库。这些年来，哈帕洛斯挥霍无度，用国王的钱财过着奢华的生活，甚至拥有一支私人军队。于是，哈帕洛斯匆忙离开巴比伦，带走了将近 5000 塔兰同的财宝，在 6000 名雇佣兵的护送下逃离。哈帕洛斯先是前往奇里乞亚，然后到了克里特岛，最后逃到雅典避难。雅典为哈帕洛斯提供了庇护，或许也从中获得了高额酬金，后来还用他的一部分财富资助针对马其顿统治的叛乱。

苏萨城的大规模通婚

为进一步巩固臣民的统一，在统治阶级间建立牢固的友好关系，亚历山大做出了两项重要举措：一是在苏萨城促进异族通婚；二是把波斯人和马其顿人完全整合到同一支队伍中。这两项措施具有高度的象征意义：它们象征着希腊人与"蛮族"人之间传统分裂的终结。

在苏萨城的婚礼上，亚历山大与他的伙伴们做出了表率，他们都迎娶了波斯的贵族女子。亚历山大娶了两位波斯公主为妻，一位是大流士三世的长女斯姐特拉（Stateira），另一位是帕里萨蒂斯（Parysatis），她是前波斯国王阿尔塔薛西斯三世之女，也是阿尔塔薛西斯四世（Artaxerxès Ⅳ）的妹妹。然而，亚历山大的配偶中唯有罗克珊娜（Roxane）为他诞下一名继承人亚历山大四世（Alexandre Ⅳ），从而扮演了重要角色。对亚历山大四世王位继承权的承认也饱受争议，罗克珊娜母子的最终结局十分悲惨。

大流士三世的小女儿被嫁与赫费斯提翁，更拉近了他与密友的关系。继任了帕门尼翁之职的克拉特鲁斯迎娶了大流士三世兄弟奥萨特雷斯（Oxyathres）之女；佩尔迪卡斯娶了一位米底贵族之女；托勒密和欧迈尼斯（Eumène）各自娶了阿尔塔巴兹总督之女；尼阿库斯娶了门托尔（Mentor）的一个女儿；塞琉古（Séleucos）娶了斯皮达米尼斯（Spitamenes）之女。自此，将近90名马其顿将领与帝国各个地区的贵族女性结合。

这种婚姻并不局限于精英阶层，士兵也被鼓励与亚洲女性通婚，并且在婚姻的前几年使其合法化。当时，有不少于1万桩此类通婚的夫妇都收到了皇室金库赠与的珍贵礼物。这项婚姻政策旨在建立新一代的统一社区，希腊人、马其顿人、波斯人和帕提亚人在唯一的伟大国王的统治下享有同等权利和义务，人民之间的关系得到强化。

然而，很难判断这一政策是否成功。在高级军官阶层中，许多人顺从了亚历山大的劝说，但是很多婚姻并没有持续下去。跟其他人一样，克拉特鲁斯离婚了，而只有塞琉古之妻阿帕玛（Apama）真正发挥了作用。人们认为军人的婚姻较为长久，尽管他们中的许多人在返回希腊或马其顿后就抛弃了他们的异族配偶，但不可否认的是这一政策或多或少诞生了融合希腊-亚洲的新一代。

当年春天，亚历山大再次率领部队向北方进发。次年夏天，他们来到了巴比伦附近的奥比斯（Opis）。随后，亚历山大陈述了遣散马其顿老兵的计划，他们由于年龄和受伤已不再适合长期行军作战。亚历山大的这个决定是经过深思熟虑的，他

苏萨城的婚礼：希腊与"蛮族"的结盟

不论是被鼓励或是受胁迫，希腊长官和士兵与波斯人的结合符合亚历山大统一帝国的愿望。首领们的通婚有利于产生新的贵族，而普通人的通婚则产生了新的民族。波斯和马其顿军队的融合，为亚历山大巩固其在亚洲的霸权提供了理想工具。

可以说，亚历山大通过在苏萨城迎娶两位妻子，为其获得合法王位继承人增加了两次机会。尽管情人芭辛（Barsine）曾于公元前327年为其诞下一子，但是没有一个合法继承人依旧让亚历山大烦恼不已。同年，与亚历山大成婚的罗克珊娜在苏萨城的婚礼时依旧未诞下子嗣。当时，马其顿步兵不足2.5万人，骑兵仅仅2000人，兵力的削弱加强了将波斯人纳入军队的必要性。为了强化军队，整合亚洲士兵必须在与马其顿人平等的基础上进行。但是，伙友骑兵拒绝承认波斯人的队长，轻装步兵也完全无法接受与总督们在帝国土地上招募来的3万重装步兵混编。许多军事首领虽然与巴克特里亚、米底或波斯贵族少女成婚，但并非出自他们的本意。

插图 左图，一位巴克特里亚公主的小铸像，现藏于日内瓦巴比尔-穆勒（Barbier-Muller）博物馆。右图，汤姆·洛弗尔（Tom Lovell）的插画，描绘苏萨城的婚礼庆典。

有许多后备部队，其中雇佣兵和一支由3万名帕提亚人组成的特遣队已被纳入军队成为常规部队的一部分，他们接受过马其顿的兵器操练和传统战术的训练。

老兵们的不安

在老兵们领取最后的军饷、偿还债务后，亚历山大给予被遣散老兵重返祖国马其顿的机会。经过多年的尽心服务和征战后，老兵们并不认可这项提议。他们对于被亚洲

新兵取代而感到恼火和不安，痛苦且愤恨地认为国王想以此摆脱他们，把指挥权交给波斯人和帕提亚人。老兵们的不安情绪蔓延开来，他们在一次喧闹的示威中表达了他们的愤怒，嘲讽地邀请国王亚历山大"单独与他的父亲"（此处指阿蒙-宙斯神，而非马其顿的腓力二世）继续远征。这种敌对行为引起亚历山大的怒意，他在一次激动的演讲中提醒这些马其顿老兵对腓力二世和他自己的亏欠。亚历山大愤怒地走下王座与煽动者对峙，并下令逮捕和处决了其

亚历山大大帝

这尊马其顿君主的雕像以埃及雪花石雕刻，展现了最纯正的希腊化风格。雕像高30厘米，来自亚历山大里亚，制作于公元前150年—公元前50年。现藏于法兰克福古代雕塑品博物馆。

中恶意最大的13名反对者。

在接下来的两天，亚历山大待在自己的帐篷里，只接待了几位波斯贵族，为其分配任务和重组波斯军队以对抗反叛的老兵。老兵们最终悔改了，他们集体来找亚历山大寻求宽恕，把武器放在国王的卧室前，并匍匐忏悔等待着他。亚历山大走出帐篷，宽宏大量地宽恕了他们，拥抱了昔日的战友。随后，亚历山大举行了一场和解宴会，在这场宴会期间马其顿人与国王形成了最亲密的圈子。祝酒过后，亚历山大郑重表达了赞成"马其顿人与波斯人和谐相处并组成共同帝国"的愿望。

老兵们被遣散了。他们中有将近 1 万人返回了马其顿，每个人都得到了他们剩余的报酬和 1 塔兰同金银。浩荡的队伍在克拉特鲁斯和波利伯孔（Polyperchon）带领下继续上路，被亚历山大寄予全部信任的克拉特鲁斯则护送他们返回马其顿，并接替安提帕特的职位。马其顿的摄政安提帕特虽年事已高，依然接到带领新的援军与亚历山大会合的命令，但是亚历山大的指示并没有得到执行。由于与奥林匹亚丝王太后的关系恶化，安提帕特拒绝离开马其顿，他派遣儿子卡山德（Cassandre）代为出发并向亚历山大解释：尽管希腊在马其顿军队和驻军的控制下，但其政治

战友

身骑战马的亚历山大与赫费斯提翁，如同这个公元前 300 年的石棺上描述的亚马逊战士，他们总是一同出现在所有战役和战斗中。现藏于塞萨洛尼基考古博物馆。

局势非常复杂，依然需要自己坐镇。这位拒绝放下职责的老将军安提帕特，已经听闻了老战友帕门尼翁及其子菲洛塔斯的悲惨下场，也许他并不信任亚历山大。

被放逐者的回归

希腊城邦的政治局势非常不稳定。公元前 324 年 8 月，亚历山大于奥林匹克运动会期间颁布了一项法令之后，局势更加恶化。亚历山大命令所有希腊城邦允许被放逐者回归。该法令受到公众的赞誉（这 2 万多名旁观者很有可能已经被所在的城邦驱逐），却招致了各城邦的猜忌和反对。

这项措施是革命性的，因为流放政治对手是解决公民之间的矛盾的普遍做法。马其顿君主亚历山大以科林斯盟主的身份做出该决定，当作对被放逐者的赦免。事实上，这严重妨碍了城邦的自治，其中最受影响的当属雅典和埃托利亚（Étolie）。该法令的合法性是存疑的，因为它超出了科林斯同盟的特权。然而，各希腊城邦无法摆脱马其顿驻军的监管。

从此，数以千计的流亡者在希腊领土及爱琴海沿岸游荡。他们中的许多人为了生计曾不得不加入雇佣军，其中有些人刚刚被亚历山大的军队开除。这些人由于亚历山大的宽恕才得以重返祖国，他们必然对其充满感激，而将他们重新融入城邦就意味着加强了亲马其顿阵营的力量。

事实上，被放逐者的回归很可能持续破坏众多城市的政治和社会平衡，尤其是雅典。公元前 365 年萨摩斯岛（Samos）被征服后，雅典城邦便将居民安置在这座富庶的小岛上，他们被称为"克雷胡克"（clérouques），意为获得一块外国土地的贫穷公民。亚历山大的法令迫使这些公民重返雅典，并把他们的房屋和田地留给重返小岛的萨摩斯流亡者。

该法令实际上是亚历山大对希腊世界主权权力的一种体现，即君主作为希腊政治无可争议的仲裁者，呼吁全体公民和解。

同年，即公元前 324 年秋，在埃克巴坦那休养时，亚历山大下令组织田径和戏剧比赛。米底总督阿特罗巴特斯请来了众多使节、游客和艺术家，场面非常豪华。

赫费斯提翁之死

赫费斯提翁在庆典中病倒了，返回了他的帐篷；但他的病情突然恶化，一周后便离世了。赫费斯提翁的突然离世对亚历山大是个重大打击，他是亚历山大最亲爱、最亲密的伙伴。亚历山大曾言，自己对赫费斯提翁的情感近乎阿喀琉斯对帕特洛克罗斯的感情。与此同时，亚历山大还从波斯礼节中汲取灵感，授予赫费斯提翁"千总"（chiliarque）之职。在阿契美尼德王朝，一名千总可统领 1000 名战士，即长生军，他们构成了国王的精英卫队。尽管亚历山大在位时期，千总的具体职责难以界定，这个称号却将赫费斯提翁提升至王朝第二人的位置。亚历山大在制订计划时会征求赫费斯提翁的意见，并派他领导过几次远征。

亚历山大的痛苦表露无遗：他瘫倒在赫费斯提翁的尸体上，之后绝食了三天。亚历山大处死了为赫费斯提翁诊治的医生，实行全国哀悼，并派遣代表团前往埃及寻求遥远的阿蒙神的神谕，请求将赫费斯提翁提升到英雄的行列。那些生前羡慕和嫉妒赫费斯提翁的同伴，在他死后却泪流满面。

佩尔迪卡斯继任为千总，并负责将经过防腐处理的赫费斯提翁的尸体护送至巴比伦，并在那里建造了一座高大宏伟的丧礼纪念碑。为了纪念赫费斯提翁，巴比伦城里组织了精彩的竞技比赛，比当初阿喀琉斯为纪念帕特洛克罗斯而举办的比赛还要盛大和令人难忘。

亚细亚之王

亚历山大希腊化风格的鎏金菁铜像，公元2世纪罗马复制品。现藏于罗马国家博物馆马西莫宫。

插图（右侧） 公元前4世纪的黄金王冠，来自维尔吉纳陵墓的腓力二世墓。现藏于维尔吉纳考古博物馆。

亚历山大的离世和遗产

亚历山大在巴比伦的突然离世，揭示了把帝国的统一系于个人性命的脆弱性。征服者亚历山大既未留下遗嘱，也未指定合法继承人。这种不确定性在马其顿将领间引起了严重的紧张关系，也再次唤醒了希腊城邦对于自治的渴望。争夺帝国领土的斗争将不可避免。

穿过格德罗西亚沙漠后，亚历山大为军队组织了精彩的庆祝活动和接连不断的盛大宴会。从苏萨的集体婚礼，到老兵离开前在奥比斯的宴会，然后是埃克巴坦那的比赛，但比赛期间赫费斯提翁突然离世。赫费斯提翁的死对亚历山大是一个重大打击。为了纪念这位最珍贵的伙伴和朋友（也是亚历山大的情人），亚历山大下令在巴比伦为其举办盛大的葬礼。

亚历山大派出使团前往锡瓦，询问阿蒙神是否可以把赫费斯提翁升格为英雄。

"法老"亚历山大

卡纳克（Karnak）神庙的巨型雕像，展现了一位具有法老属性的马其顿国王——可能是亚历山大大帝。这座雕像来自托勒密时期，现藏于开罗埃及博物馆。

被神化的亚历山大（第 113 页）

卢克索的阿蒙神庙内圣船祭坛上的浅浮雕，描绘被神化的亚历山大与阿蒙-拉（Ammon-Rê）神面对面。

在等待使团返回期间，亚历山大和他的宫廷暂时留在古老而久负盛名的美索不达米亚。亚历山大在此休息，组织赫费斯提翁的葬礼和建造墓碑；他还集结了部队和船只，为探索和征服新的土地而计划新一轮的远征。

在赫费斯提翁去世六周后，亚历山大向南部进发。途中，亚历山大不得不与喀西特人（Kassites）作战，这是来自米底南部扎格罗斯山脉的一支游牧部落。这些牧羊人不时打劫临近的农庄，极其重视自身的独立性，还要求收取过路费。波斯国王们从巴比伦前往埃克巴坦那时，似乎也向他们支付了过路费。

亚历山大当然拒绝了他们的要求，他还认为喀西特人应该对几年前失踪的数千匹波斯马和近 10 万头牲口负责。亚历山大领导了一场针对喀西特人的冬季战争，无情地进攻和追击他们。喀西特人遭到了屠杀，幸存者不得不投降和定居下来，并且服从于亚历山大的权威。不过，这种服从仅仅持续了几年，后来喀西特人重新开始游牧生活和强盗活动，并且恢复了收取过路费的恶行。

在战场上，亚历山大依旧是年轻时那个英勇的斗士。在宫廷里，亚历山大逐渐采用了波斯帝国华丽的礼节和仪式。如今，亚洲人在军队中占据了多数，尽管马其顿人依旧担任军队的指挥和将领，但他们只占全部编制的 10%。这些人中只有极少数人选择穿波斯服装，唯独佩科斯塔斯（Peukestas）是个例外，他被亚洲服饰深深吸引。根据许多著作所记载，这位杰出的军官曾在公元前 325 年攻打印度首都玛拉瓦（Mâlavâ，今摩腊婆［Mâlvâ]）一战中救过亚历山大的性命，作为奖励他获得了波斯波利斯行省。

亚历山大的神圣形象

作为大流士三世的"继承者",亚历山大身穿东方长袍,头戴波斯王冠,手执黄金权杖,在黄金宝座上处理帝国的事务。亚历山大的帐篷的柱子和顶棚也是黄金做的,王座周围有 500 名持盾卫兵护卫。1000 名服装鲜艳(猩红、朱红和蓝色)的弓箭手和 500 名长生军(阿契美尼德王朝皇家精英卫队)身披绣花斗篷,手执金光闪闪的长矛,将他们包围着保护起来。

王帐外是军队和其他宫廷人员,包括 1 万名低阶长生军和众多仆从。英国历史学家罗宾·莱恩·福克斯(Robin Lane Fox)在其出版的亚历山大传记中写道:"占星师、嫔妃、服务人员以及双语王室总管,依旧保留了他们过去两百年里在波斯获得的重要性。"亚历山大的奢华生活提高了君主的至高无上性,同时也象征了他神圣的血统。

亚历山大的神性未受到埃及和亚细亚臣民的质疑。对埃及而言,亚历山大是法老,是阿蒙神之子;对于后者而言,他是阿契美尼德王朝伟大的国王,是阿胡拉-马兹达神在人间的代表和最爱。但是,希腊人和马其顿人对此并不认同。当亚历山大还是腓力二世之子时,希腊人和马其顿人便认识了亚历山大,知道他不过是一个凭借个人品质而登上王位的凡人。因此,希腊人和马其顿人很难接受王室的宣传,并视其为阿蒙-宙斯神的儿子。

不过,也很难说亚历山大是否全然相信他自身的神性,或许这种神性只是一种政治手段,以确保东方的新臣属和埃及的忠诚。也许直到公元前 324 年,亚历山大才表达了被承认为神的愿望。至于亚历山大是否公开表达过这种愿望,还是身边人的逢迎之举,人们不得而知。事实是,在批准被放逐者返回时,这条消息便传遍了整个希腊。

对马其顿国王持冷淡和疏远态度的雅典、斯巴达及其他希腊人,看待这个愿望时夹杂了冷漠与嘲讽,但或许也掩藏了一点内心的担忧。事实上,他们承认君主的神性并没有付出什么代价,在他们看来这就像一个强大而遥远的暴君的心血来潮。

在斯巴达，一个名为达米斯（Damis）的人宣称："假如亚历山大希望如此，我们就让他成为神。"在雅典，几年前曾认为年轻的马其顿国王（亚历山大）毫无经验且行事鲁莽的德摩斯梯尼发现，如果亚历山大愿意，承认他是宙斯之子，甚至是波塞冬之子，对他而言其实都无关紧要。

亚历山大的真实想法依然是个谜。亚历山大孤独地坐在黄金王座上，沉醉于众多的胜利，在整个亚洲受到欢迎和敬仰，他是否将自己视作活着的神，抑或如普鲁塔克指出的那样，他认为自己只是一个简单而富有却寿命有限的凡人？在亚历山大为他心爱的赫费斯提翁设立英雄崇拜时，他或许认为自己值得更高的荣誉：难道他不曾模仿乃至超越神话中的英雄赫拉克勒斯，并被神谕公开承认为阿蒙-宙斯神之子？在希腊世界，将专属于神的荣誉授予一个凡人并非什么新鲜之事。例如，心怀感激的流亡者曾以这种方式纪念斯巴达将军赖桑德（Lysandre），而马其顿国王腓力二世也曾享受过这种荣誉。事实上，腓力二世在女儿克利奥帕特拉婚礼上被刺杀，而婚礼期间他的雕像已经与希腊诸神的雕像摆在一起。

亚历山大比他们拥有更多的功绩，没有任何人赢得过那么多的胜利，解放过那么多的城市，允许那么多被放逐之人重返家园。亚历山大的功绩不亚于神话中那些伟大的英雄，如同他的两位祖先阿喀琉斯和赫拉克勒斯，还有狄俄尼索斯，而他无疑应该被承认为宙斯之子。亚历山大知道自己已经超越了所有的伟大征服者，他登上了帝国王座，颁布适用于所有希腊人的政令，主持无愧于神明的仪式。在钱币和宝石上，亚历山大通常是挥舞着宙斯的闪电的形象，抑或是戴着阿蒙的山羊角。

新的征服计划

公元前 323 年初，亚历山大决定在宫廷人员的陪伴下返回巴比伦。当亚历山大自平原向南行军时，西方世界的使团前来向他致敬。据希腊历史学家阿里安记载，其中包括布鲁提亚人（Bruttien）、卢卡尼亚人（Lucanians）、伊特拉斯坎人（Étrusque，又译为伊特鲁里亚人）、迦太基人、罗马人以及遥远而不为人所知的希斯帕尼亚人（Hispanie）的使团。其中，人数最多的当属希腊使团，包括来自

巅峰时期的亚历山大帝国

印度战役结束后,马其顿帝国自地中海延伸到印度河谷,从尼罗河西岸的亚历山大里亚到希达斯皮斯河畔的布西发拉。

亚历山大在印度对臣服的君主继续实行融合政策。公元前325年,亚历山大返回波斯后,试图巩固承袭自阿契美尼德王朝的行政,下令对所有行省进行清洗,并强化他的专制权力。亚历山大制订了征服北非和西欧的新计划,但是突然的驾崩终止了他的野心。很可能是,亚历山大无论如何也无法维持一个如此庞大的帝国的统一。事实上,亚历山大的远征并没有占领——更不用说控制——这片领土。亚历山大的征服只是一系列的军事胜利、对敌对人口的屠杀以及以自己的名义建立城市,但他真正控制的唯一领土就只是位于军队往来的道路。到公元前312年,帝国在印度的统治已不复存在。

盖塔

伊利里亚　色雷

马其顿

伊庇鲁斯　公元前33

色萨利　佩拉

喀罗尼亚 X　科

斯巴达

克里特

地中

■ 马其顿
■ 亚历山大帝国
→ 亚历山大的军事行
→ 亚历山大的返回路线
● 亚历山大建立的城市
○ 其他城市
X 战役
伊利里亚 地区或行省
盖塔人 人种

骑士的胸像

亚历山大骑马雕像的碎片。罗马大理石复制品,约作于公元前72年—公元25年,原作为希腊化风格的青铜雕像。现藏于利兹(Leeds)博物馆和美术馆。

希腊大陆几个城邦的代表;居住在更北边的民族,如欧洲的斯基泰人、伊利里亚人以及色雷斯人也是使团队伍的一部分。

所有这些使团都纷纷向强大的亚历山大致敬,竞相表达对他的崇拜,以期获得恩典。由于令人不安的谣言已经在地中海地区传播,他们希望能够了解亚历山大的征服计划。亚历山大首先听取了要求他仲裁巴尔干半岛北部的意见,然后是向他咨询宗教问题之人的疑问,最后是反对流亡者回归之人的想法,而把交流其在地中海和印度洋的扩

萨尔马提亚人

里海

斯基泰人

咸海

马萨格泰人

粟特

马拉坎达
（撒马尔罕）

亚历山大-埃斯哈塔

亚历山大-奥克索斯

亚历山大-马尔吉亚纳

吉亚

卡帕多西亚

亚美尼亚

奇里乞亚

安基拉
（安卡拉）

×伊苏斯

亚历山大勒塔
（伊斯肯德伦）

×高加米拉

阿贝勒斯

公元前330年

埃克巴坦那

巴克特里亚城

亚历山大-帕提亚

阿利亚

亚历山大-阿利亚

巴克特里亚

亚历山大-高加索

塞浦路斯

美索不达米亚

希尔喀尼亚

德兰吉亚纳

旁遮普

布西发拉

大马士革

米底

帕提亚

亚历山大-
洛夫达西亚

尼西亚

亚历山大-阿
拉科西亚

希达斯皮斯河

推罗

死海

巴比伦

苏萨

帕萨尔加德

波斯

公元前329年

卡尔马尼亚

阿拉克西亚

桑加拉

大里亚

亚历山大-苏西亚纳

波斯波利斯

亚历山大-卡尔马尼亚

格德罗西亚

亚历山大-印度

公元前326年

阿拉伯半岛

波斯湾

公元前324年

普拉

哈默奇亚
（霍尔木兹）

帕塔拉

印度

红海

亚历山大城

印度洋

埃及

张计划推迟到在巴比伦安顿下来之后。

在巴比伦，为了远征波斯湾南岸和殖民以香料闻名的阿拉伯海岸，亚历山大忙于建造庞大的舰队。同时，亚历山大还需要扩建尼阿库斯的战舰，该舰队已沿幼发拉底河溯流而上。为此，在多个地区砍伐了雪松，清理并拓宽了底格里斯河和幼发拉底河的河床；在巴比伦，清理出了一片可容纳 1000 艘船停泊的大型水域。亚历山大在幼发拉底河上航行，并在其下游主要支流帕拉库普（Pallacoe）运河上建造了最后一座亚历山大城。

　　一名密使奉命携带 500 塔兰同财宝前往腓尼基沿岸招募有经验的水手。阿拉伯人以洗劫南部边境城市出名，他们并未表现出任何归顺的迹象，也未派人前来缔结条约。亚历山大担忧阿拉伯人的敌意，但又认为可以轻松降服他们。因此，在波斯湾建立殖民地和军事基地后，亚历山大计划征服整个阿拉伯半岛。

　　在巴比伦附近，吕底亚和卡里亚（Carie）总督集合了一支大军，波斯总督佩科斯塔斯更是调集了 2 万名波斯步兵。印度、阿拉伯和埃及的海上联系为亚历山大帝国南部开辟了广阔的通信道路。当时，这里被认为是大洋的尽头，因此是一条重要的潜在贸易路线。一份历史记载证实了这一点——索尔斯的希伦（Hiéron de Soles），亚历山大派出的一位勇敢无畏的航海家，曾带领 30 位桨手上船，绕过阿拉伯半岛南部，经由红海来到埃及海岸。

　　数月前，亚历山大命令阿尔戈斯的赫拉克利德（Héraclide d'Argo）建造一支战舰舰队以便探索里海海岸，以确定这一带水域属于大洋的海湾，还是仅仅是黑海的一部分。亚历山大也许打算在攸克辛海（Pont-Euxin，好客海，今黑海 [Noir]）一带建立自己的权威，为了更好地实现这一举措，他需要更精准地了解王国的北部边境。

　　赫拉克利德的地理探险是实现军事统治该地区必不可少的第一步。在赫拉克利德之前，阿基亚斯（Archias）、安德洛斯泰尼斯（Androsthène）与索尔斯的希伦都曾送来海岸的资料，但是赫拉克利德必须仔细地探查，以便更好地建造战舰和制定必要的军事策略。

　　亚历山大很可能打算将帝国扩展至地中海，在陆上和海上向西部推进，从埃及直至迦太基甚至更远的地方。然而，这些富有野心的领土扩张计划并未超出亚历山大冲动的想象力。

　　有关亚历山大在巴比伦的停留，年轻的国王显然为一些令人担忧的占卜感到震惊，这在一些古代资料中有所提及。当亚历山大自西方到达时，一个迦勒底人（chaldéens）祭司代表团离开城邦来见他，并带来神秘的建议：他们警告亚历山大，假如他从这一侧入城，必将面临死亡。

占卜：祭司、国王和法老的超自然力量

阿契美尼德王朝的马兹达教（又称马兹达主义）是一种多神宗教，它吸收了从大法师萨尔贡一世（Sargon I er）或卢伽尔–扎克西（Lougal-zagesi）那里继承的占卜技术。这一行为有明显的用途——预测未来，即预防可能会对王国或个人带来灾难的事件。

波斯国王是法师中的法师。每年，他通过象征性再现宇宙神话，更新了世界和生命。他是保存和再生生命、季节循环、生育和善的神的化身，与邪恶和死亡的力量不断地作斗争。当亚历山大戴上阿契美尼德王朝的王冠时，他也获得了这种超自然力量，从此变得神圣而不朽。亚历山大成为法老后，他成了拉神之子，由埃及众神之神阿蒙所生；他也是宙斯之子，生来就是阿喀琉斯和赫拉克勒斯的后代。因此，亚历山大有幸听到了阿蒙、宙斯和马杜克的神谕。但是，占卜是一门神奇的艺术，一些贫穷的法师无法献祭动物，便满足于最朴实的迹象，如在一碗水中滴入几滴油来进行观察。据希罗多德所述，波斯法师用白马献祭并用其内脏解读未来，占星家则只为君主预言，而巴克特里亚的斯基泰人和粟特人用囚犯给神献祭并用其内脏占卜。

插图　苏美尔人肝脏形状的占卜表，现藏于伦敦大英博物馆。

这一预言是祭司们通过占星术计算而来。然而，这很可能是因为他们担心马其顿国王亚历山大会控制用来修复埃萨吉尔（Esagil）神庙的捐赠金，因而希望可以让他远离城市的这一端。公元前331年，亚历山大第一次在巴比伦逗留期间，发现被遗弃的马杜克（Marduk）神庙破败不堪，于是出资进行修复。亚历山大如同在埃及时表现的那样，尊重当地的神明、礼拜场所和圣殿，这也是其融合政策的一部分。

但是，祭司们也许挪用了部分用来修复神庙的资金，并且担心会东窗事发；抑或他们对亚历山大的计划有所怀疑，据他们所知亚历山大要在城里为赫费斯提翁竖立墓碑。然而，不管怎样，亚历山大完全无视了他们的警告。

几日后，"凶兆"越发加剧。趁着亚历山大从王座起身的一刻，有个人坐上了王座，披上了绛紫色斗篷，拿起了王室的徽记。这个人究竟是个疯子，还是被人收买了才这样做呢？此人被当场逮捕，经拷打后被处决，无人知晓他这荒诞行为背后的原因，而巴比伦的祭司们将此举解读为凶兆。

还有一天，当亚历山大在附近湖面航行时，大风刮走了他的波斯王冠。一名桨手跳入水中去捞，为了游回时不再丢失，他把王冠戴在了头上。这又被视作厄运的预兆。

赫费斯提翁的葬礼

在这令人担忧的几周里，人们还在准备赫费斯提翁的葬礼，而此前从未有过如此隆重的葬礼。据说这场葬礼花费了1.2万塔兰同的财富，巨大的火葬堆上堆满了黄金、象牙和宝石。为了安置长达10斯塔德[8]（stades）的火葬堆需要拆除部分城墙，几千名工人和工匠参与了建造火葬堆。火葬堆呈巨大的方形金字塔形状，表面覆盖着棕榈树树干；它有好几层，装饰有色彩鲜艳的浮雕和雕塑。

对于这座令人好奇的、短暂而奢华的建筑，西西里的狄奥多罗斯描述如下：

---

[8] 斯塔德（stades），古希腊长度单位。1斯塔德约200米，10斯塔德约2000米。——译者注

"底座置于 240 艘五桨座战船的船首上，……上面有 2 名跪着的弓箭手，……以及武装人员的雕像……再上面是第二层，饰有 7.5 米高的枝形烛台，……火焰上方是展翅的飞鹰……，柱脚上装饰龙纹……

"第三层是狩猎各种动物的场面；第四层是与半人马的战斗，用黄金雕刻而成；第五层，狮子与公牛交替出现，也是用黄金雕刻而成。再上面一层铺满了马其顿和野蛮人的盔甲，同时象征着历次征战的胜利与失败。顶层放置了几尊空心人鱼雕像，用于容纳为死者高唱颂歌之人。最后，整个建筑高达 65 米。"（《历史图书馆》［*Bibliothèque historique*］第 17 卷第 73 章）

赫费斯提翁火葬堆

彩色木刻，约作于 1900 年，描绘了豪华而壮观的赫费斯提翁火葬堆，弗朗茨·雅菲（Franz Jaffé）根据西西里的狄奥多罗斯的描述所做的复原。火葬堆由建筑师迪诺克拉底（Dinocrates）设计，他还设计了埃及的亚历山大里亚。

公元前 323 年 5 月，阿蒙的神谕也传回来了，它指示应当按照英雄的规格为赫费斯提翁准备祭祀。亚历山大完成了第一场献祭，宰杀祭献了 1 万头各种动物，肉被分发给了众人。巨大的火葬堆如同巨型火炬一样燃烧殆尽，或许可以将它想象成一座宏伟的葬礼纪念碑，只是这座纪念碑焚尽的一刻就仿佛从来不曾建造过。葬礼仪式过后是热闹非凡的大型夜间庆祝活动，亚历山大也积极参与其中。然而，正如西西里的狄奥多罗斯描述的那样，"似乎是在到达权力和繁荣的巅峰时，命运缩短了他的自然寿命"。

亚历山大曾试图忘记巴比伦的祭司们预测的各种凶兆。在隆重举行过赫费斯提翁的葬礼后，亚历山大开始将注意力转移到处理宫廷事务和下达指令上，为计划中的阿拉伯海上远征做准备，其中由尼阿库斯率领的舰队已准备就绪，计划于 6 月 4 日出发。

亚历山大之死

几天后的 5 月 29 日，亚历山大出席了他的伙伴色萨利人麦迪乌斯（Médeios）为纪念赫拉克勒斯而举办的宴会。根据狄奥多罗斯的记载，"他饮酒毫无节制，最后还喝光了大力神的巨型酒杯内的酒。突然，他仿佛受到了重击，长叹一声后被朋友们抱走。仆人们立即将他放到床上"（《历史图书馆》第 27 卷第 74 章）。

与希腊人的习俗不同，亚历山大习惯于按照马其顿的习俗大量饮酒，且是不经稀释的纯酒，因此并未将身体的不适归咎于酒精。其实，这是严重疾病的最初症状。亚历山大卧床了十天，发着高烧，几乎无法站立，身体越来越虚弱。一周后，亚历山大的身体虚脱了，并且失语了。

亚历山大已经好多天未公开露面，关于他死亡的谣言便在军队里蔓延开来。担忧的士兵们蜂拥至宫门前想要见亚历山大，并要求他露面。守卫们无法阻拦人群，伙伴和老兵们在亚历山大允许进入后进入他的寝室，并围绕在他的床边。此时，亚历山大已经奄奄一息，费了很大气力才能够与他们告别。亚历山大满身大汗地躺在床上，睁着大眼睛，勉强抬起手向这群下属致意，后者则一个个沉默地来到他的面前。即使在几个世纪过后，当时这一幕浸润的深沉情感都不难想象。就在几个月前，这位征服者——亚历山大被神化了，但是他的凡人身份却以这种戏剧性的方式显露出来。

6月10日，亚历山大驾崩。这位古代英雄，就像他深深崇拜的阿喀琉斯那样，在他生命最辉煌的时刻陨落了——他还未能庆祝自己的37岁生日，充满担忧和恐惧的哀号响彻整个古城。在亚历山大的尸体周围，王位觊觎者的阴谋已经铺开，一场盛大的王室葬礼组织工作也在进行中。

几个世纪过去了，我们依然难以准确了解亚历山大的真正死因。很快，两种不同的假说出现了。有人认为亚历山大是在宴会中被毒杀的，一种致命毒药被倒进了他最后的那杯酒中。起初，这一假设并非最流行的说法。

根据普鲁塔克的猜测，政治因素可能是这次中毒的起因。历史学家们认为安提帕特的儿子们就是罪魁祸首：卡山德带着夺命计划和致命毒药从马其顿赶来，而他那身为亚历山大司酒官的弟弟伊俄拉斯（Iolas）则趁机将毒药倒入了国王的酒杯。人们甚至把老迈的亚里士多德纳入了这场阴谋，认为侄子卡利斯提尼的死让他深感悲伤，因而参与了这次谋杀。

可以肯定的是，在亚历山大死后立即展开权力斗争的背景下，这种假说让安提帕特和卡山德的政敌们感到开心，这其中包括亚历山大的母亲奥林匹亚丝。但是，这种假说并不成立：一是因为毒药的药效发挥之慢；二是疾病的症状曾导致国王的虚弱和卧床十天。

第二种假说认为，亚历山大死于疟疾或斑疹伤寒，他在前往该地区不洁的沼泽地带时感染了这种疾病，特别是他还在酷暑中造访了幼发拉底河流域沿岸地区。发烧、衰弱和神志不清的症状似乎确实符合这种疾病，而这种疾病会因过度饮酒而恶化。一本古代文献《王宫日志》（Ephémérides royales）曾引用这一假说来解释

亚历山大的死亡：乌托邦的终结

公元前 323 年夏天开始不久，亚历山大在尼布甲尼撒二世（Nabuchodonosor Ⅱ，古巴比伦国王）的宫殿里驾崩，他留下了一个无人统治的从亚历山大里亚到印度的庞大帝国。但是，亚历山大的死亡首先是帝国、政治和文化事业的终结，即将彻底改变人类的历史。

曾被视作完美社会的传统希腊政体和将世界划分为希腊人与"蛮族"人的希腊中心主义的概念，都因亚历山大帝国而过时。为了更好地实施帝国计划，亚历山大无视亚里士多德的"野蛮人天生注定受制于专制主义"的教导；相反（contrario，拉丁语），亚历山大给"野蛮人"提供重要职位，还鼓励异族通婚。这种行政、文化、军事和民族一体化政策，令很多马其顿人深感不满。亚历山大公开宣称对人类抱持世界主义的观点，即所有居民都生活在一个巨大且唯一的城市里，而这个乌托邦在他死后就消失了。

插图 亚历山大的灵柩台，19世纪雕刻作品，根据西西里的狄奥多罗斯的描述重建。

❶ **战车** 由12匹马牵引，它载着"征服者"亚历山大的黄金棺椁，里面躺着"征服者"经过防腐和芳香处理的尸体。

亚历山大之死，这本著作详细记录了当时在巴比伦举办的盛大庆典和无尽的宴会，以及亚历山大最后的日子。

引起争议的继承问题

在亚历山大的将领中，佩尔迪卡斯与亚历山大最为亲密。继任了赫费斯提翁"千总"一职的佩尔迪卡斯，在亚历山大临终前一直陪伴在其左右。临终前，亚历山大将象征王权的戒指给了佩尔迪卡斯，而此举至少说明亚历山大想让他暂时代理帝国保护者或者摄政（epimeletes tes basileias）。或许是佩尔迪卡斯本人传达了亚历山大最后的遗言，当被问及继任者身份时，后者回答说"最强者"；君主甚至还宣布，他最为亲密

❷ 护送队 亚历山大的灵车由忠诚的马其顿士兵组成的庞大护卫队护送，以避免可能的袭击。

❸ 最终目的地 原本亚历山大应该被葬在艾盖（今维尔吉纳），其父腓力二世的墓旁边，但是托勒密设计让车队转向埃及，并在亚历山大里亚埋葬了国王。

的朋友将为了他的葬礼而进行一场伟大的战斗。就这样，危机爆发了：亚历山大一直不断推动的战争展开了。

很显然，这些觊觎继承权之人中没有一个更出类拔萃者，没有任何人有足够业绩来证明自己对帝国拥有不可置疑的控制权。这其中有两种对立观点：一方面，单一君主制的支持者们希望继续维持帝国的统一；另一方面，支持分割被征服领土的人则认为，只有像亚历山大这样的出类拔萃者才能统治如此广阔的领土并维持帝国的统一。马其顿的主要将领之间产生了争端和冲突，他们曾是一起参加过上千次战役的老战友。但与亚历山大不同的是，他们完全不关心被征服地区的人民和波斯贵族，只关注自己军队的实力。

罗克珊娜之子：一位从未统治过的合法继承人

亚历山大死时，他的粟特妻子罗克珊娜已经怀有身孕，但这位混血遗腹子继承人（亚历山大四世）遭遇了马其顿将军们的野心和拒绝。幸运的是，在继业者战争中，亚历山大四世那富有野心的祖母奥林匹亚丝为了维护他的王位继承权进行了顽强的斗争。

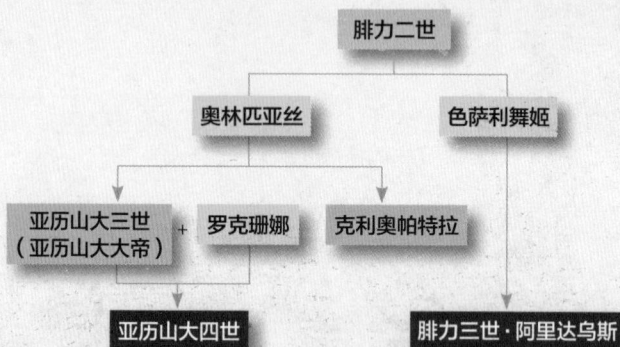

腓力二世
├─ 奥林匹亚丝
│   ├─ 亚历山大三世（亚历山大大帝）＋ 罗克珊娜 → 亚历山大四世
│   └─ 克利奥帕特拉
└─ 色萨利舞姬 → 腓力三世·阿里达乌斯

毫无疑问，亚历山大完全不知道罗克珊娜怀孕之事，因此他在临终前并未对继承权做出任何安排。离开家乡马其顿之后，亚历山大曾在多次徒手搏斗中数次与死亡擦肩而过。正如历史学家阿里安所言，亚历山大曾试图生一个可以继承王位的孩子。这位公元2世纪的历史学家在《印度记》（*Indica*）中描述，在亚历山大生命的最后几年，或许是出于尽快孕育一个王室继承人的需要，亚历山大曾有过多次恋情。亚历山大的三次婚姻——公元前327年与罗克珊娜结婚，三年后即公元前324年与波斯公主斯妲特拉（Stateira）和帕里萨蒂斯（Parysatis）的婚姻——让他对此更加急迫，唯有在围攻泰罗时认识的芭辛——门农的遗孀——于公元前327年为其诞下一子。不过，这个名叫赫拉克勒斯（Héraclès）的孩子是个私生子（非婚生子），因而亚细亚国王（亚历山大）认为他无法成为合法继承人。当从垂死的国王手上接过王戒的佩尔迪卡斯获悉罗克珊娜已经怀孕后，他推迟了一切有关继承权的决定，直到这个孩子出生：假如是个女孩，亚历山大将没有继承人；假如是个男孩，这个孩子将成为亚历山大的合法继承人。骑士们承认孩子（亚历山大四世）的身份，但是步兵们拒绝为王子加冕，因为他是粟特女人、从前的"野蛮人"所生。由于在新生儿和亚历山大同父异母的兄弟腓力·阿里达乌斯（腓力三世）之间达成了协议，潜在的内战得以避免，而阿里达乌斯是腓力二世与色萨利舞姬之子。罗克珊娜之子一出生便被命名为亚历山大四世，与他的叔叔腓力三世一同被宣布成为国王。但是，亚历山大四世从未统治过帝国，因为卡山德后来把奥林匹亚丝、罗克珊娜和当时12岁的他赶出了马其顿。

亚历山大的粟特妻子罗克珊娜怀孕了，一部分将领认为，假如她产下的是个男孩，那么这个孩子将成为合法继承人。但是，托勒密等其他人则并不希望这个"野蛮人"的孩子登基，更希望为亚历山大同父异母的兄弟腓力·阿里达乌斯（Philippe Arrhidée）加冕，他是腓力二世与色萨利的舞姬所生，曾因智力发育迟缓和癫痫被排除在王位继承权之外。

墓地的选择

不论是由于继承人年纪问题，还是精神状态的问题，都必须任命一名摄政在帝国内长期行使王权。当然，灵活的摄政必然能够轻易地操控一个孩子或是头脑简单的人。为了缓和将领之间的紧张关系，佩尔迪卡斯愿意缔结协定，承认两名可能的继承人并监督他们。

显然，继承权与亚历山大将领们的权力分配问题密切相关，甚至后者的问题更为尖锐。佩尔迪卡斯、托勒密、塞琉古和欧迈尼斯在巴比伦进行了长时间的讨论，试图制定一个暂时的协定并推迟军队不可逆转的血腥冲突。

在此期间，经过防腐和芳香处理的亚历山大的遗体躺在黄金打造的棺材里，等待被火葬或土葬。亚历山大的遗体是威望和合法性的象征，而合法性在王朝争端中影响甚大。好几个月以来，人们一直对究竟在哪里安葬亚历山大的遗体而争执不休。有人声称，已故的国王曾一度表示，希望被葬在锡瓦的阿蒙神圣地，他在那里被埃及神谕宣称为神之子。一些老兵则坚持认为亚历山大应当被葬在马其顿，在其父腓力二世位于艾盖（今维尔吉纳）的坟墓旁边。终于，在亚历山大驾崩两年后，他的送葬队伍向着这个方向出发了。

一辆华丽的灵车从巴比伦出发，运送经过防腐处理的史上最为著名的君主亚历山大的遗体和棺椁。然而，狡猾的托勒密发动了一场政变，他中途在叙利亚劫持灵车，把棺椁运往了法老陵墓所在地孟斐斯（Memphis）。托勒密把亚历山大的遗体留在那里，打算之后运往亚历山大里亚。一个世纪以后，亚历山大里亚的市中心

锡瓦的阿蒙神庙

位于埃及锡瓦绿洲的阿蒙神庙，在亚历山大的生命中占据着重要位置。离开神庙时，亚历山大确信自己拥有神的血统。

修建了一座宏伟的亚历山大大帝陵墓（le Sôma，索玛陵墓）。这座陵墓后来成为埃及国王们的圣地，也是伟大英雄的崇拜者们的朝圣之地。几个世纪以来，这座著名的陵墓一直引人向往。数不清的参观者前往膜拜，包括恺撒大帝、奥古斯都（Auguste）和卡拉卡拉（Caracalla）在内。公元前 1 世纪，托勒密王朝最后的法老之一托勒密十一世（Ptolémée XI）把亚历山大大帝的遗体转移到另一只棺椁内，并把黄金棺材熔化铸成钱币分发给他的士兵。后来，随着亚历山大里亚的衰落，神庙和陵墓消失了，没有在这座神秘的城市废墟中留下一丝痕迹。

亚历山大帝国的寿命并未超越其缔造者。公元前 323

年以后，这片广阔领土被继业者们即亚历山大的将领们瓜分：安提帕特得到了马其顿，托勒密得到了埃及，安提柯获得了西安纳托利亚，利西马科斯（Lysimaque）获得了色雷斯，欧迈尼斯获得了卡帕多西亚。从此，世界换了新的面貌，自亚历山大帝国分离出的王国成为希腊世界的主导政体。

档案：亚历山大里亚——文化的十字路口

亚历山大建造的这座城市不仅是希腊主义的摇篮，还是知识分子的聚集地，用希腊地理学家斯特拉博（Strabon）的话说是"地球上最大的市场"。

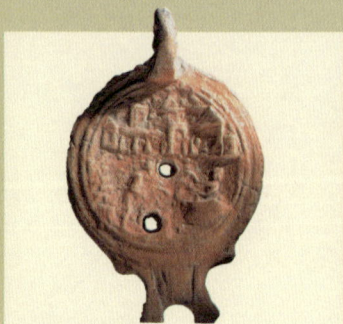

消失的陵墓

这盏油灯是公元1世纪的陶土作品，描绘了亚历山大里亚、亚历山大大帝的陵墓和地中海岸边的奥古斯都陵墓。现藏于亚历山大希腊-罗马博物馆。

几个世纪以来，埃及人在地中海没有任何大型港口。随着亚历山大建造了这座城市，埃及向希腊的商业和文化开放了。这座城市建在海岸边，留下了古老埃及的财富和传统，连接着伟大的尼罗河三角洲——这个千年国家的支柱。

埃及通往地中海的灯塔

在世界七大奇迹中，最具功用的毫无疑问是亚历山大灯塔，它也是建造时间最早的奇迹。1326年，阿拉伯旅行家伊本·巴图塔（Ibn Battuta）见到了灯塔的废墟。"这是一座以飞翔之姿投射到空中的方形建筑，它的门高于地面……灯塔位于一座高山上的狭长地带，距离城市1帕拉桑[9]（parasange）远。"灯塔高134米，用大理石块砌成，顶端有一面巨大的金属镜子，白天可反射太阳光，夜间反射火光，反射距离可达50公里。

插图　上图，约旦格拉森（Gerasa，今杰拉什）圣约翰洗者教堂拜占庭镶嵌画上的亚历山大灯塔，现藏于格拉森考古博物馆。左图，亚历山大灯塔木刻画，于1700年左右根据J. B.费舍尔·冯·埃拉赫（J. B. Fischer von Erlach）的绘画雕刻。

这座因灯塔闻名的双港城市直面大海，傲立于海浪前，不受任何保护，无惧任何外来攻击。亚历山大里亚（最早的亚历山大城）与柏拉图的主张大相径庭，柏拉图讨厌海港生活的无序，主张城市和海岸之间应保持13公里的距离。正如《理想国》（La République）中的描述，理想的城市应当远离动荡的沿海地带与渴望新事物的居民。因此，即使当时具备了建设港口的条件，即使如同雅典一样非常依赖海上贸易并配备了强大的舰队，很多希腊城邦的卫城和码头依然保持很远的距离。正如修昔底德（Thucydide）所说，这体现了城市建立之初笼罩着的不安全性。

亚历山大里亚建造的位置体现了城市的海上使命——对外开放，这点不同于任何埃及其他城市。亚历山大大帝的前将军托勒密一世将这座城市设立为王国的首都，并且在源自马其顿的托勒密王朝统治下，城市保留了当时希腊文化的主要特征，更展现

---

[9] 帕拉桑，古波斯长度单位。1帕拉桑约为5250米。——译者注

131

出了世界性的特征。如此，同样的观点促使俄国沙皇彼得一世大帝（Pierre Ier le Grand）在波罗的海（Baltique）海岸建造了圣彼得堡（Saint-Pétersbourg），让他的帝国面向整个西欧开放。

亚历山大里亚的建设采取公元前 5 世纪希腊新殖民地的方式，按照希波达姆模式（plan hippodamien，网格规划）采用直线设计。斯特拉博对它作了如下描述："宏伟的公共花园和王宫占据了城市总面积的四分之一，甚至三分之一。这要归功于历代国王，在各自为城市的公共建筑增添一些装饰的同时，他们也没有忘记自筹资金为王家住宅增添新的建筑……必要时，博物馆连同其大门、会客厅、王室成员用餐的宽敞餐厅，也可以算作王宫的一部分。"（斯特拉博《地理学》[Géographie] 第 17 卷第 1 章第 8 节）

城外是一座恢宏的圆形剧场、一座体育场，以及宏伟的索玛陵墓（Sôma，亚历山大的陵墓），被誉为"最伟大建筑"的中央体育馆，它们见证了这座城市的辉煌，亚历山大里亚的规模和人口都远超希腊世界的其他城市。根据西西里的狄奥多罗斯的描述，亚历山大里亚当时（公元前 1 世纪）就有 30 万名自由民。也就是说，如果算上妇女、儿童、奴隶和外国侨民，这里的居民超过了 100 万人。

参与重要政治决策的公民机构也许规模较小，但显然马其顿人和许多其他雇佣兵一样不属于公民阶层。按照弗拉维乌斯·约瑟夫（Flavius Josèphe）的说法，一些犹太人（居住在亚历山大里亚人口密集的社区）被视作马其顿人。埃及人大部分从事奴隶的工作，几乎没有机会成为公民。

人口的多样性，与柏拉图在《法律篇》（Les Lois）中提到的古典公民权的概念相悖。柏拉图认为，需要维持居民的同质性才能保证公民的凝聚力。斯特拉博指出，亚历山大里亚的居民的多样性也受到了波利比乌斯（Polybe）的批评。这位希腊历史学家把亚历山大里亚的居民划分为三个等级：埃及人、雇佣兵和希腊公民团体（享有实际权力、行政权力和社会文化权利），后者反对承认非希腊人进入权力高层。

辉煌的城市

亚历山大里亚的建造者为它配备了希腊城市所有的特有机构。亚历山大里亚宣布以雅典的法律为基础，但是相关的佐证不足且模糊。亚历山大里亚不太可能有全然古典的宪法，尽管公民机构按照古老的阿提卡（attique）模式组织，分为有王朝名称的"部落"（tribus），以亚历山大和托勒密家族神秘祖先的名字命名的领地，指定数字的"兄弟姊妹会"（fratries）。

亚历山大里亚有两个集会。按照古老的习俗，古代马其顿武士大会可以用鼓掌的方式任命或罢免国王，公共集会可以批准法令、任命与外国城市和王国洽谈的使节。然而，国王和他的宫廷保留了广泛和压倒性的权力，如果他们表现出软弱，民众就会造反。这种权力制衡容易引发政治突变，这就解释了为什么这里在任何时代都很动荡。

宗教的诸说混合与多样化的崇拜让亚历山大里亚成为一个绚烂多彩的世界，培养了一种对宏伟、壮观和异国情调的偏爱。亚历山大里亚的庆典和仪式体现了独特的审美和雅致。尽管亚历山大里亚是希腊文化占主导，它也是一个大型希腊文明中心，但它再次唤醒了希腊人一向钦慕的千年埃及的魅力。因此，这座城市与其说是对现实的反映，不如说更符合希腊人的幻想，而在一个世纪以前希罗多德就曾在其描述中回应了这种幻想。这座城市里居住着尼罗河流域神奇而神秘的法师和治疗师。她热情欢迎古代宗教的仪式，特别是当时在罗马时期取得巨大成功的伊西斯（Isis）崇拜。

亚历山大里亚很快就超越雅典成为灿烂的希腊文化的中心，尽管曾经发明了民主的这座伟大城市——雅典在很长时间内保留了其文化威望。但是，与雅典不同的是，亚历山大里亚既没有哲学家，也没有其他剧作家。亚历山大里亚内没有建造集会广场或剧院，而是建造了大型图书馆，以令世人钦佩的稳定保存了希腊世界的所有文学作品。

这座位于爱琴海南岸的非洲亚历山大城越来越富于魅力，矗立于岸边小岛上的高大的灯塔就是它的象征，两个大型商业和军事港口面向大海开放，更远处的海岸

吉兆 根据记载，公元前331年，亚历山大大帝派往罗得岛的建筑师迪诺克拉底在设计这座以他的名字命名的埃及新城时，用面粉在地上描绘出了城市的线条，而飞鸟在食物的引诱下来此停落。这被视作城市的吉兆。

奇迹之城

亚历山大里亚是一座现代城市，根据罗得岛的迪诺克拉底设计的网格建造，他从米利都的希波达莫斯（Hippodamos de Milet）得到启发：两条大道在城市中心相交，交叉成直角的街道构成一张巨大的棋盘。伟大的建筑物一座座竖立起来，包括皇家区、博物馆、图书馆、大型体育场，以及被称为"索玛"（"尸体""坟墓"之意）的亚历山大陵墓——这里埋葬了伟大的马其顿君主——最后是塞拉皮雍（Serapeum）神庙。城市的城墙外是赛马场和新区。

亚历山大灯塔 灯塔由宏伟的塔楼和堡垒组成，用来保卫城市港口的入口和提醒附近海岸的水手。

① 塞拉皮雍神庙 这是托勒密王朝献祭给塞拉皮斯神（Sérapis）的神庙。它包含了一个可容纳神像的中心大厅、一条宽敞的柱廊式回廊和其他一些较小的建筑，还配备了一座大型图书馆。

② 顺利返程港 军舰赫普塔斯德（Heptastade）坝的西面，这座堤坝连接城市和法洛斯岛。这以前被称为厄诺斯托斯（Eunostus Limen），意为顺利返程。

⑦ 亚历山大灯塔 法洛斯岛（根据《奥德赛》的传说，尤利乌斯[Ulysse]与海洋老人普罗提乌斯[Protée]曾在岛上交谈）上矗立的一座灯塔，这是真正的建筑壮举，是城市的地标，也是古代世界的七大奇迹之一。

⑧ 亚历山大陵墓 亚历山大陵墓和宏伟神庙的遗址。恺撒神利奥帕特拉为纪念恺撒造，由奥古斯都所完成。

体育馆 体育馆是希腊文
志性的建筑之一。这是
美丽的建筑,柱廊长度
1斯塔德(古希腊长度单
1斯塔德约为200米)。
在所有的希腊城邦一
亚历山大里亚的年轻人
在这里聚会。

剧院 我们对这座宏伟
院知之甚少,它位于城
部,靠近波塞冬神庙。
具有希腊城市特色的建
建在大港对面。

④ 博物馆 位于城市西北
部,由一座巨大的图书馆和
一个动植物园组成。该机构
由托勒密王朝资助,居住在
机构内的学者们时常在宽敞
的长廊内漫步。

⑩ 皇家区 皇家区紧靠剧院
旁,由宫殿建筑、奢华的住
宅和绚烂的花园组成。托勒
密王朝在统治的三个世纪
里,一直居住在这里。

⑤ 大港 西边是法洛斯岛,
东边是洛基亚斯角(cap Lo-
chias),大港(Grand port)
里有数个盆地、仓库和造船
厂。在安提罗斯岛(Antirho-
des)上,还建有一座王宫。

⑪ 马留提斯湖 城市另一
边紧邻马留提斯湖(le lac
Maréotis,今马里奥特湖[lac
Mariout]),这个由尼罗河
改道建成的大潟湖为亚历山
大里亚提供淡水。

⑥ 蒂姆尼岛 亚克兴(Actium)
战役失败后,马克·安东尼(Marc
Antoine)撤退到大港内的一座小
岛,在那里建造了一座可连接海岸
的海堤。马克·安东尼把这座岛命
名为蒂姆尼岛(Timonium),以此
纪念希腊的"厌世者"蒂莫
(Timon)。

⑫ 城墙 一道高大的城墙环绕
着城市中心,位于东北方的犹太区
在卡诺匹克门(Canopique)附近,
该门通往卡诺佩(Canope)小镇。
城墙的西部,是埃及人居住的哈考
提斯区(Rhakotis)。

亚历山大里亚的塞拉皮雍

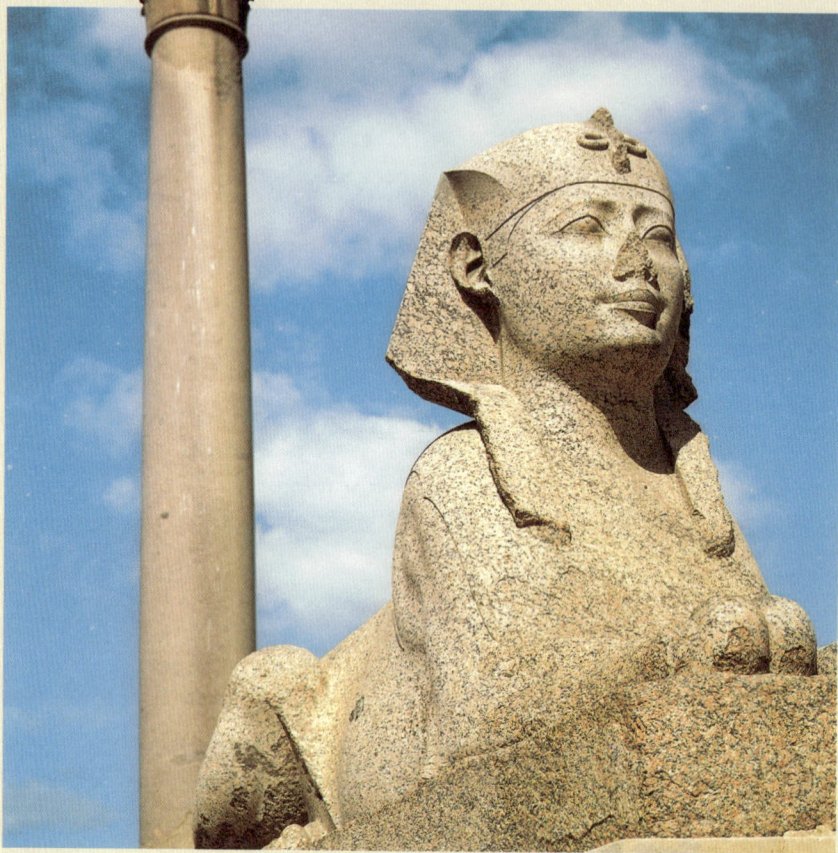

阿匹斯（Apis）圣牛的第一座集体坟墓位于萨卡拉（Saqqarah）墓地，被称为塞拉皮雍（得名于塞拉皮斯，是奥西里斯 [Osiris] 和阿匹斯混合创造的神）。大祭司凯姆阿斯（Khâemouas）下令建造了这座墓地，同时传播开阿匹斯与奥西里斯结合的崇拜。最早的地下墓穴于塞伊斯（saïte）时期得到扩建，并一直使用到托勒密王朝早期。 在亚历山大里亚，一座巨大的神庙被献给城市守护神塞拉皮斯。在希腊人的描绘中，这位神明蓄着卡拉索斯胡子。

插图 公元400年左右的大理石半身像（左图），现藏于伦敦大英博物馆。塞拉皮雍在图拉真（Trajan）时代被摧毁，几乎没有留下任何遗迹。哈德良（Harien）曾重建并将其改造为科普特（基督教东派教会之一）教堂，于公元10世纪时被阿拉伯人摧毁，但一座庞贝城的柱子标记了它位于亚历山大里亚卫城的遗址。

线上可以看到皇家宫殿的墙壁。沿着海岸漫步，笔直的街道构成一个棋盘，穿着五颜六色衣服的人群遍布两个主干道，道路两侧种植了棕榈树。这一景观令所有参观者赞叹不已。公元 2 世纪的作家阿基里斯·塔蒂乌斯（Achille Tatius）在其小说《留希波斯与克里托芬历险记》（*Leucippé et Clitophon*）中讲述了令游客们眼花缭乱的场景："航行了三天后，我们抵达了亚历山大城。当我自太阳门进入时，这座城市夺目的美立刻映入眼帘，令我眼中充满喜悦。……我是一个不知满足的参观者，目光徘徊于所有街道；但我无法领略这座城市所有的美。……当我漫步于每一条街道，痴迷于领略一切时，我筋疲力尽地喊道：'我的双目被征服了！'"

"我看到了两件奇怪又意想不到的事：这座城市的伟大与美丽的冲突，人民与城市的对立，并且对立的双方都胜出了：这座城市比一片大陆还大，这里的人口比任何一个民族还多。如果单论城市，我很是怀疑有哪个民族可以填满它；如果单看人民，我惊讶于一个城市是否可容纳他们。……就在那时，根据神圣的旨意，为伟大的神举办了一场盛大的庆典，希腊人称其为宙斯，埃及人称其为塞拉皮斯（Sérapis）。当时有一个持火炬游行的活动，这是我看到的最崇高的风景：在夜间，太阳西沉，黑夜无处不在，这时另一个太阳冉冉升起，只是它的光线被切割成碎片，于是我看到了堪比天空美丽的城市。"这座城市因其盛大的节日、宗教游行、马戏表演和拥挤的街道而闻名，日常生活具有国际大都市的热闹、躁动和喧嚣。亚历山大里亚与那些古老的希腊城市不同，它没有蜿蜒的街道和狭窄的街区，没有广场和古老的神庙，但它比雅典或罗马更有活力。

其他的亚历山大城

从巴比伦到旁遮普的一路上，亚历山大建立了许多城市，这些城市均以他的名字命名。现在，其中一些城市仍让人回想起亚历山大，如阿富汗的坎大哈；其他一些城市则只剩废墟，甚至消失。

我们无法确切知道有多少座亚历山大城，它们是希腊主义在遥远土地上的堡垒，标记了漫长的道路。也许它们没有普鲁塔克说得那么多——有 70 座，但是至少有

希腊文化中心 19世纪的雕版画，学者们在亚历山大城图书馆忙碌着。

15座左右，几乎都分布在亚历山大帝国的东部。一部假托卡利斯提尼的作品《亚历山大罗曼史》（*Roman d' Alexandre*）在其结束语中提到有12座以亚历山大命名的城市，其中一些属于传说：亚历山大-埃及、亚历山大-霍尔普斯（Horpes）、亚历山大-克拉蒂托（Cratistos）或强大的亚历山大城、亚历山大-斯基泰（Scythie）、亚历山大-克雷皮斯（Crépis）、亚历山大-特洛伊（Troade)、亚历山大-巴比伦、亚历山大-佩里亚（Périe）、亚历山大-布西发拉、波洛斯国王的亚历山大城、底格里斯河附近的亚历山大城，以及亚历山大-马萨格泰（Massagètes）。

在这些建立在异域的城市中，人们建造了希腊城邦的传统建筑：一座广场、一座体育馆、一座剧院以及几座庙宇。在今天阿富汗北方、巴克特里亚旧山地行省的北部边界，亚历山大-奥克索斯（位于阿姆河畔）的废墟也许是这些遥远城市中最引人注目的例子。公元前329年—公元前328年，亚历山大在遥远行省边境的战役中建起了这座城市，但公元1世纪末的"野蛮人"入侵摧毁了它。

我们从1960年以来的考古发掘中发现了一座大宫殿，包括一座带有多柱式厅的圣堂、一座体育馆、一座庙宇、一座喷泉、一间军械库、一栋领主别墅，在城外还有一座非希腊式的庙宇，同时还发现了许多雕塑碎片、精美的柱头和一幅巨大的镶嵌画。这座亚历山大城的考古宝藏表明，在距离爱琴海5000余公里处定居（并与当地妇女结婚）的马其顿人、希腊人和色雷斯人不仅带来了他们的语言——那是希腊文明的通用语言——还带来了城邦的概念：庙宇、体育馆、广场等代表生活方式的场所，居民们参与传统辩论和体育竞技活动，信仰希腊宗教，学习希腊艺术、阅读和写作等，享受着希腊文明提供的派迪亚（paideia）精英教育和一切娱乐。

刺杀佩尔迪卡斯

　　佩尔迪卡斯跪在地上，被他的同伴刺死。亚历山大石棺三角楣的浅浮雕，现藏于伊斯坦布尔考古博物馆。

　　插图（右侧） 公元前 2 世纪—公元前 1 世纪的托勒密纪念章，金质的或银质的，装饰于伊西斯女神的脸部。出自亚历山大里亚，现为私人收藏。

瓜分帝国

亚历山大大帝的驾崩导致了他的将军和后继者，即继业者之间的权力斗争。从战争中诞生了新的王朝君主，他们是希腊历史上被称为希腊化时期的象征。在这些国王面前，希腊城邦无法捍卫它们的独立，尤其是雅典一直处于马其顿的桎梏下。

亚历山大临终前并未指定继承人。在亚历山大死后，他的亲属中没有任何人有足够的权力或魅力登上帝位。此外，王位继承权问题十分复杂，根据征服的亚细亚帝国、马其顿的传统君主制或者希腊的科林斯同盟等不同情况，依照的条款也各不相同。

在亚细亚，亚历山大以绝对君主的身份统治着这片广袤的土地以及来自五湖四海的人民，他的权威建立在军事胜利之上。在马其顿，依照父权家长制军事王国的惯例，亚历山大被战友们以鼓掌的方式拥戴为国王。在希腊，那些亚历山大行使霸

141

亚历山大庞大帝国的分裂

公元前329年—公元前309年

安提帕特被任命为马其顿王国摄政。其子卡山德诛杀了亚历山大大帝的家人,包括亚历山大的母亲奥林匹亚丝、妻子罗克珊娜、儿子和合法继承人。

公元前322年—公元前282年

托勒密对抗其他继业者和继承人。公元前306年,他自立为埃及国王,并以托勒密一世之名建立了托勒密王朝。

公元前321年—公元前280年

塞琉古被任命为巴比伦的总督,伊普苏斯(Ipsos)战役之后夺取了大部分东方帝国的领土。塞琉古王朝建立。

公元前306年—公元前301年

"独眼"安提柯称王,与其子"攻城者"德米特里一世联合试图恢复帝国,但是在伊普苏斯战役中阵亡。

公元前306年—公元前281年

利西马科斯自立为色雷斯国王并占领了马其顿,但是在库鲁佩蒂翁(Couroupédion)战役中败于塞琉古。

权的科林斯同盟城邦从他身上看到了一个全权统帅,他具备了向曾经冒犯希腊土地的波斯人复仇的特殊品质。

在马其顿,腓力·阿里达乌斯(Philippe Arrhidée)抑或亚历山大与罗克珊娜的新生儿(亚历山大四世),或许被指定为王位继承人——前提是后者是个男孩。无论未来谁继承王位,任命一位摄政都是必要的。于是,竞争在当时的摄政安提帕特和王太后奥林匹亚丝之间展开,而后者一定会维护孙子的权利。

希腊的形势则更加复杂,各城邦要求自由和完全自治的时机似乎终于到来了。最后,在亚细亚的土地上,继承权问题迅速引起了巨大争议。亚历山大的马其顿战友们面临艰难的抉择,即如何确定亚历山大弥留之际选择的"最强者"。

继业者或"继承者"

佩尔迪卡斯被任命为"王国总管"(epimeletes tes basileias),接受了以已故国王之名授予的中央权力。佩尔迪卡斯把亚历山大的"元帅们"(maréchaux)召集到巴比伦,商讨他们中的哪一位有能力继承王位;若万一协商失败,他们就需要根据各自的等级和权力就分割亚历山大帝国的广阔领土达成一致。

当时,除了摄政安提帕特与王太后奥林匹亚丝留在马其顿,克拉特鲁斯在奇里乞亚护送离开部队的老兵,弗里吉亚总督"独眼"安提柯忙于保障亚洲与欧洲之间的通信，其他所有将军都赶往了巴比伦。

　　将军们巧妙地达成了妥协：他们选定获得马其顿部队支持的腓力·阿里达乌斯为未来国王（腓力三世［Philippe Ⅲ］），但是如果亚历山大的遗孀罗克珊娜生下的是个男孩（亚历山大四世），那么他必须与其分享王位。尽管安提帕特和克拉特鲁斯远在他地，由于他们在军队中的影响甚大，必须谨慎对待。因此，安提帕特和克拉特鲁斯被保留了原来的官职，前者是马其顿的总督（vice-roi）和摄政，后者是亚细亚军队的统帅以及两位新王的监护人（protatès）——腓力三世患有精神疾病，而亚历山大四世是已故国王亚历山大的遗腹子。

　　这个协定为在场所有将军开辟了共享责任与被征服领土的道路。海军舰队元帅尼阿库斯、波斯总督佩科斯塔斯都未被通知参加这次会议，他们很快都遭到了排挤。托勒密谨慎而巧妙地获得了埃及。利西马科斯（Lysimaque）得到了色雷斯。安提柯仍然是潘菲利亚、吕基亚和大弗里吉亚的领导人。欧迈尼斯（Eumène）获得了卡帕多西亚和小亚细亚北部的帕夫拉戈尼亚（Paphlagonie），该地区尚未完全处于马其顿控制之下。列昂纳图斯（Léonnatos）得到了赫勒斯滂海峡的弗里吉亚。

　　佩尔迪卡斯依然留在巴比伦统领帝国军队，以王位继承人之名行使最高权力。然而，尽管佩尔迪卡斯表面上成为权力形势的仲裁人，但协议其实很脆弱，正如历史学家阿里安所记载的那样："任何人都不相信他，他也不信任任何人。"一旦被任命，亚历山大的继业者或者"继承者"们便带着自己的军队和收集到的财富前往他们各自的领地。

　　然而，在离开前，他们共同决定向军队公布亚历山大最后的计划。这些计划包括为赫费斯提翁建造一座宏伟的纪念碑，打造1000艘战舰以征服非洲，继续与东方民族融合的政策，修建数座柱廊式庙宇，以及在马其顿为其父腓力二世建造一座陵墓——其宏伟程度如同埃及的金字塔。不出所料，军队大会拒绝了已故国王的宏伟计划。

　　帝国内不同地区的政治形势各不相同。安提帕特、克拉特鲁斯和列昂纳图斯很快就面临起义的挑战，而在从前的阿契美尼德王朝地区军队并没有真正遭到叛乱。

亚历山大庞大帝国的分裂

继业者，即国王的继承者们，放弃了亚历山大的计划。不论是其向西扩展马其顿的帝国目标，还是在政治和文化上融合的文明计划，都未能继续贯彻。

亚历山大的将军们在拉米亚（Iamiaque）战争中联合对抗雅典，此后就爆发了继业者之间的战争。马其顿摄政安提帕特与托勒密联合对抗佩尔迪卡斯，后者的死亡促成了两位新君主的诞生——一位是塞琉古，他统治了巴比伦；另一位是"独眼"安提柯，他是亚洲战略家，杀死欧迈尼斯后增强了自身实力。托勒密因远在埃及而不受波及，他在加沙打败了安提柯，并终结了其对欧洲的抱负。不久之后，利西马科斯与塞琉古在伊普苏斯一战中战胜安提柯。塞琉古通过将战败的波斯领土并入巴比伦王国、迎娶托勒密的长女，以及于公元前298年与安提柯之子"攻城者"德米特里一世联盟来巩固统治。德米特里一世建立了自己的王国，由希腊、安纳托利亚和爱琴海沿岸共12个城邦组成。

在阿契美尼德王朝地区，亚历山大如同阿契美尼德王朝昔日的君主那样尊重当地的习俗和宗教，他任命的后继统治者们——不论波斯人或是希腊人——也都尊重当地的生活方式。

雅典的政治衰落

相反，在雅典，亚历山大的驾崩被视作脱离马其顿统治的一个意外之机。雅典并不欢迎公元前 324 年"允许流亡者返回故土"的法令。反对马其顿统治的领军人物德摩斯梯尼回到雅典，他利用亚历山大的死煽动了雅典的自由之火，并得到了著名的护民官（tribun）和雅典护卫者希佩里德斯（Hypéride）的支持，后者曾是柏拉图和伊索克拉底（Isocrate）的弟子。

雅典人利用哈帕洛斯 [10] 逃跑时卷走的财宝招募了大量雇佣兵，他们与色萨利人、埃托利亚人（Étoliens）以及科林斯和阿

---

[10] 哈帕洛斯曾在雅典避难，后逃亡克里特岛，在那里被谋杀。——译者注

黑海　里海　地中海　红海　波斯湾　印度洋

主要地名（地图标注）：阿波罗尼亚、拜占庭、希诺普、佩拉、色雷斯、利西马其亚、伊马多特里斯、帕夫拉戈尼亚、科拉斯桑德、尼科米底亚、帕加马、比提尼亚、卡帕多西亚、马萨卡、耶夫帕托里亚、阿塔克萨特、特洛伊、以弗所、弗里吉亚、弗里吉亚、萨第斯、阿波罗尼亚、阿塔利亚、浦塔米斯、塔尔苏斯、安条克、埃德萨、安条克（尼西比）、阿贝勒斯、塞琉西亚、埃克巴坦那、阿帕米亚、阿利亚、巴克特里亚、底比斯、雅典、艾菲索斯、米利都、安条克一、托勒密斯、塞琉西亚、韦里亚、芬迪西亚、阿帕米拉、帕尔米拉、米底、欧罗普斯（拉维）、赫卡通皮洛斯、亚历山大-帕提亚、亚历山大-高加索、亚历山大-阿利亚（赫拉特）、斯巴达、阿尔西诺伊（帕塔拉）、塞浦路斯、特里波利（的黎波里）、西顿、塞琉西亚、贝尔尼克、大马士革、杜拉-欧罗普斯、巴比伦、伊斯帕那达（伊斯法罕）、亚历山大-普洛夫达西亚、亚历山大-阿拉科西亚（坎大哈）、亚历山大-埃及（亚历山大里亚）、托勒密斯、推罗、耶路撒冷、加沙、撒玛利亚、佩吕斯、孟斐斯、阿尔西诺伊、赫耳墨波利斯、埃及、巴比伦、苏萨、阿帕米亚、帕萨尔加德、卡尔玛那、卡尔尼亚、亚历山大城、波斯波利斯、亚历山大-卡尔马尼亚、奥库斯、霍尔莫兹、普拉、格德罗西亚、马萨尔那、亚历山大-埃斯哈塔（苦盏）、亚历山大-马尔吉亚纳（马利亚）、亚历山大-奥克索斯、塔波耶

亚历山大驾崩
公元前323年

左侧旁注：
……帕特担任马其顿摄政，其子卡山德杀死……历山大大帝的家人。

……马科斯自立为色雷斯国王，并占领了马……；后来在库鲁佩蒂翁被塞琉古打败。

……柯希望重建亚历山大帝国，但是在伊普……被其他继业者打败。

……密在埃及称王，并在安提柯战败于伊普……后将领土扩张到亚细亚。

……佩蒂翁战役后，塞琉古打算重建亚历山……国时被暗杀。

图例：
■ 在亚历山大大帝之前就已存在的城市
■ 亚历山大或其继承者们建立的城市

尔戈斯（Argos）的公民结盟。盟军在杰出而大胆的战略家列奥斯特尼斯（Léosthène）的率领下一路向北推进，穿过了温泉关（Thermopyles），把安提帕特围困在拉米亚（Lamia）的一个色萨利人城邦。

继业者赫勒斯滂的弗里吉亚总督列昂纳图斯在与色萨利骑兵战斗时阵亡。不走运的列昂纳图斯被从高大的城墙上扔下的石头砸死了，但马其顿军队被赶来的援军拯救了。与此同时，克利图斯（Cleitos，海军统帅，与亚历山大的老战友同名）在阿莫尔戈斯岛（Amorgos）附近击败了雅典舰队。克拉特鲁斯及时赶到，于公元前322年8月在克兰农（Crannon，位于色萨利）战役中击溃了希腊的盟军部队。

雅典无力支撑艰苦的围攻，向安提帕特无条件投降了。阿莫尔戈斯岛一役宣告雅典失去了海上霸主的地位，从此之后雅典再也没能拥有强大的舰队。德摩斯梯尼对自由的呼吁惨遭第三次失

145

法勒鲁姆的德米特里：令人惊讶的亚里士多德式领导人

法勒鲁姆的德米特里（**Démétrios de Phalère**）是奴隶之子，也是雅典学园的弟子，他充分利用自己的演说才能捍卫马其顿的事业，反对德摩斯梯尼。公元前 **317** 年，法勒鲁姆的德米特里被卡山德任命为雅典执政官，但是后来被德米特里一世驱逐出雅典。法勒鲁姆的德米特里流亡到托勒密的宫廷，后被任命为顾问。

托勒密宫廷决心让亚历山大里亚成为希腊文化和文明的中心，因此接收了大量科学家和知识分子。为了秉持这一传统，他们也热情欢迎了法勒鲁姆的德米特里的到来。法勒鲁姆的德米特里成为两大主要文化机构——博物馆（Mouseîon）和图书馆的第一负责人，他建议将希伯来文《圣经》翻译成希腊文，即著名的《七十士译本》（Version des Septante）。托勒密一世死后，其继承人将法勒鲁姆的德米特里监禁，后者意志消沉，并在监狱中自杀。罗马帝国时代的史学家第欧根尼·拉尔修（Diogène Laërce）在其著作《名哲言行录》（Vies, doctrines et sentence des philosophes illustres）中写道，这位雅典演说家的作品"比同时代所有其他逍遥学派学者的著作都多"。事实上，我们确实找到了法勒鲁姆的德米特里的著作的一些片段，内容涉及伦理学、解梦、哲学家与政治人物的传记、逻辑学、宪法、文献学等方面。在法勒鲁姆的德米特里担任雅典执政官的十年里，这座城市为他竖立了几座青铜雕像，其中大部分为骑马雕像。后来，在"攻城者"德米特里一世的命令下，这些雕像被销毁、扔到水里或者熔掉。

插图 雅典古老公墓所在的凯拉米克斯区（Céramique）的墓地石柱（kioniskoi）。它们是根据德米特里一世颁布的一项法律建造的，该法律禁止在丧葬纪念碑上过度花销。

败，但演说家（orateur）这次没能逃脱被报复。德摩斯梯尼被追捕，最终于公元前 322 年冬在卡拉里亚岛（Calaurie）上的波塞冬神庙内自杀。至于希佩里德斯，则在安提帕特眼皮子底下被审判、拷问和处决了。在此之前，亚里士多德因担心反马其顿阵营的阴谋而离开雅典，最终死在了流亡途中。

雅典开始了一段晦暗的时期。在马其顿的桎梏下，民主遭到削弱和控制。安提帕特作为拉米亚战争的伟大胜利者，对雅典实施了严格的政治管控：选举权保留给最富有的公民，设立由演说家德马德斯（Démade）和战略家福基翁（Phocion）领导的寡头政治，在比雷埃夫斯港（Pirée）附近的穆尼基亚（Munychie）

设置马其顿驻军，等等。

雅典超过一半的公民被剥夺了选举权。从此，雅典只有9000名中产阶级，即拥有超过2000德拉克马（drachme，希腊货币）的公民才有资格行使该权利。与此同时，用于支付给出席或参加审判与集会的报酬（由伯里克利［Périclès］设立），以及观礼基金（fonds théorique，或 théoricon，用于资助贫苦公民观看演出和城市庆典的公共基金）也被废除了。

作为雅典的统治者，福基翁颁布了一项新法令，将权力职位只保留给"好人"（kaloí kagathoí），其字面上的意思是"美丽而善良者"。为了缓解日趋紧张的社会局势，数以千计的贫穷的雅典人被发配到远在色雷斯的殖民地。许多雅典人期待着更为活跃的民主生活，但是没有人愿意为之付出生命的代价。在表面的繁荣和稳定下，紧张的气氛依然埋藏在这座伤痕累累的城市之中，它保留了经济繁荣的旧日民主国家的面貌和作为希腊文化、艺术之都的古老威望。

安提帕特于公元前 319 年去世后，其子卡山德与安提帕特指定的继承人波利伯孔（Polyperchon）之间的矛盾对雅典产生了显著影响。马其顿新任摄政表示支持希腊城邦的自由，并恢复古老的民主宪法。雅典的民主派重掌权力，推翻了福基翁并指控他犯下了叛国罪。经过集会上激烈的投票后，福基翁被判处死刑，这位战略家最后不得不服下了毒芹汁。

在马其顿的权力斗争背景下，卡山德在一封写给佩尔迪卡斯的信中发现德马德斯意图背叛便亲手掐死了他，然后加强了忠诚的友人尼坎诺（Nicanor）的驻军——当时尼坎诺驻扎在穆尼西亚要塞（Munychie），而这座要塞在可以俯瞰比雷埃夫斯港（Le Pirée）的一座山上。卡山德先是攻占了港口，继而拿下整个雅典城邦。公元前 317 年，卡山德任命法勒鲁姆的德米特里（Démétrios de Phalère）为执政官——这位老哲学家曾在雅典学园受教于泰奥弗拉斯托斯（Théophraste）。

法勒鲁姆的德米特里是一位受欢迎的领导人，谦逊而开明，符合亚里士多德式的理想。在法勒鲁姆的德米特里统治的十年里，他成功为雅典带来了财政稳定，没有让城邦陷入任何武装冲突（舰队只有 20 艘军舰），立法限制奢侈开支，尝试推崇俭朴，并在一定程度上恢复了社会凝聚力。这一时期进行的人口普查显示，雅典当时有 2.1 万名公民、1 万名外国侨民，以及 40 万名奴隶，但显然这个数字被夸大了，很可能也包括农村和矿区的奴隶。

此外，法勒鲁姆的德米特里还是一位多产的作家，过着奢华而优雅的生活，而这与他的学说相去甚远。公元前 307 年，"独眼"安提柯之子德米特里一世（Démétrios Poliorcète）攻占雅典后，罢免并流放了法勒鲁姆的德米特里。法勒鲁姆的德米特里逃亡到埃及，并在那里度过了余生。法勒鲁姆的德米特里曾担任托勒密（公元前 306 年称王，史称"救主"托勒密一世）的顾问，建设了亚历山大里亚的图书馆和博物馆，撰写了回忆录以及献给塞拉皮斯（Sérapis）的颂歌。

公元前 307 年，德米特里一世率领一支由 350 艘战舰组成的舰队抵达雅典，这支舰队由其父安提柯装备并资助了 5000 塔兰同。德米特里一世攻占比雷埃夫斯港及穆尼西亚要塞后，胜利进入雅典。雅典人民热烈欢迎德米特里一世的到来，因为他曾宣称要将自由还给希腊人。随后，旧法被废除，前任执政官的雕像被摧毁，穆尼西亚要塞被夷为平地。

雅典人热情地投票通过为新"救主"安提柯和德米特里一世竖立金像，并把雕像立在刺杀暴君者像的旁边。安提柯父子俩与卡山德争斗了数年，在漫长的对抗中优势数次易主，从一个阵营转向另一个。

图书管理员德米特里

在亚历山大里亚，法勒鲁姆的德米特里建立了第一个图书馆，后来成为东西方的传统。

插图 亚历山大里亚新图书馆现代建筑入口处的哲学家雕像。

战争结束后，德米特里一世于公元前 304 年以救世主的身份返回雅典。德米特里一世在雅典过冬，把宫女和情妇们安置到帕特农神庙的后厅，并举行了传说中的庆祝活动。作为神秘的厄琉息斯（Éleusis）的信徒，德米特里一世下令以他和雅典娜的肖像铸造金币，并由他自己担任已经衰落的科林斯同盟的盟主。

然而，公元前 301 年，安提柯把德米特里一世召回去参加那场可怕的伊普苏斯战役，正是这场战役导致了他们的溃败。最后，安提柯在战场上阵亡，德米特里一世则逃走了。在短暂的陶醉与欢呼过后，卡山德重新在雅典确立了马其顿的权威。

权力之争

与此同时，在马其顿宫廷内部，与安提帕特积怨已深的王太后奥林匹亚丝，为了把孙子亚历山大四世扶上王位而寻求支持。奥林匹亚丝与因维护帝国统一而依附帝制的佩尔迪卡斯结盟，她决定把女儿克利奥帕特拉——亚历山大大帝的妹妹、伊庇鲁斯的亚历山大一世（奥林匹亚丝的哥哥）的遗孀嫁给佩尔迪卡斯。

按照王朝逻辑，与克利奥帕特拉的结合对于帝国守护人而言是一项成功的手段。克利奥帕特拉有众多追求者，但是她没有嫁给他们中的任何一个。佩尔迪卡斯可以想象，与亚历山大之妹的婚姻会促使马其顿人最终把王位交给他。事实上，联姻在服务于继业者野心方面确实起了重要作用。因此，狡猾的安提帕特把三个女儿都嫁给了他的伙伴：尼西亚（Nicée）嫁给了佩尔迪卡斯，费拉（Phila）嫁给了克拉特鲁斯，欧律狄刻（Eurydice）嫁给了托勒密。

在继业者中，佩尔迪卡斯得到了欧迈尼斯的支持。佩尔迪卡斯和欧迈尼斯很快成为其他军事领导人的目标，其中安提帕特和克拉特鲁斯渡过赫勒斯滂海峡与他们展开了厮杀，并得到安提柯与利西马科斯的增援。公元前 321 年初，所有的军队都集结起来与佩尔迪卡斯和欧迈尼斯对抗。

托勒密却与之保持距离，但他支持安提帕特联盟。托勒密在埃及把亚历山大的遗体放入黄金棺中以提升自己的威望，因为他有自己的计划。托勒密吞并了富饶的昔兰尼加（Cyr-énaïque）地区；另外，因怀疑埃及前任总督诺克拉提斯的克里奥门提斯（Cléomène de Naucratis，由亚历山大任命，后又得到佩尔迪卡斯的继续任命）支持佩尔迪卡斯，托勒密将其暗杀并占有了他积累的大量财富。

因此，佩尔迪卡斯率领一支强大军队前去迎击托勒密，他把皇家卫队委托给欧迈尼斯后就踏上了南下的旅程。这次远征是一场灾难，在尝试穿越尼罗河三角洲登陆时发生了严重失误——先锋部队被冲散了，将近2000名士兵溺死，还有许多士兵被鳄鱼吞食。这场悲剧加上一系列的失败激起了军官们的怒火，他们闯入佩尔迪卡斯的帐篷杀死了他。一直在河对岸等待时机的托勒密于次日悄悄渡河，为饥饿的士兵提供了补给，并提出将他们以雇佣兵名义招募至麾下。于是，军队宣布托勒密将取代不幸的佩尔迪卡斯成为君主制的新守护者，并许诺会废黜和惩罚篡位者欧迈尼斯。

玩弄权术的奥林匹亚丝

亚历山大去世后，奥林匹亚丝王太后费尽心机，希望亚历山大和罗克珊娜之子（亚历山大四世）登上马其顿王位。

插图 印有奥林匹亚丝肖像的金质纪念章，现藏于塞萨洛尼基考古博物馆。

新的权力关系

与此同时，欧迈尼斯与克拉特鲁斯以及亚美尼亚总督涅俄普托勒摩斯（Néop-tolème）在卡帕多西亚展开大战，并在战场上打败并杀死了克拉特鲁斯和涅俄普托勒摩斯二人。假如欧迈尼斯获胜的消息早几天传到埃及，佩尔迪卡斯和托勒密的命运或许会发生转变。无论如何，佩尔迪卡斯和克拉特鲁斯的死改变了继业者之间的权力关系。

公元前 321 年 7 月，三位最具野心和实力的将军安提帕特、安提柯和塞琉古决定在叙利亚的特里帕拉迪苏斯（Triparadisos）会面，试图恢复制衡的局势并协议重新划分领土。托勒密没有参加这次会面，他更愿意在亚历山大城观望和巩固他在埃及不可撼动的权力。

聚集在特里帕拉迪苏斯的继业者们把欧迈尼斯视作他们共同的敌人。安提帕特被任命为两位国王（腓力三世和亚历山大四世）的监护人，并获得了作为马其顿摄政的全部权力。同时，安提帕特继续他的联姻政策，将女儿费拉——克拉特鲁斯的遗孀——嫁给了安提柯之子、"攻城者"德米特里一世。

安提帕特之子卡山德被任命为"千总"，而安提柯则继续保留他在亚细亚的马其顿总司令一职。安提柯带领这支军队在安纳托利亚和东部行省享有至高无上的统治地位；骑兵团的伟大首领塞琉古仍然是巴比伦行省的领袖；利西马科斯则保留了他在色雷斯的权势。至此，在埃及、马其顿和亚细亚这三片领土之间形成了某种权力平衡。

安提柯负责终结欧迈尼斯的计谋。欧迈尼斯是继业者中一个特别的人物，与其他人不同的是他并非出身于马其顿的大家族，而是来自希腊，更确切地说来自克里特岛。欧迈尼斯曾是亚历山大宫廷的王家书记官，这让他有机会掌握所有对手的许多信息。

欧迈尼斯对统一君主制的忠诚促使他支持佩尔迪卡斯，因为在君主制下他可以从君王处获得特权。尽管欧迈尼斯的军事才能和勇气毋庸置疑，但他还是因为出身遭到了军队的背叛。欧迈尼斯被他的士兵抛弃后，他不得不逃亡。欧迈尼斯在托罗斯山脉的一处堡垒避难，却被安提柯围困。这个独眼的继业者安提柯曾一

阿尔希诺二世：托勒密王朝的王后和公主

当阿尔希诺（Arsinoé）公主——托勒密王朝创始人托勒密一世的女儿嫁给利西马科斯时，利西马科斯已经有了一个作为合法继承人的儿子——阿加托利克斯（Agathocle）。根据希腊地理学家帕萨尼亚斯的说法，阿尔希诺为了维护自己儿子的权利，谋杀了阿加托利克斯。阿加托利克斯的遗孀吕珊德拉（Lysandra）担心儿女的生命安全，便逃往托勒密和利西马科斯的敌人塞琉古一世的宫廷。利西马科斯死于公元前281年，之后阿尔希诺嫁给同父异母的兄弟托勒密·克劳诺斯（Ptolémée Kéraunos），后者谋杀了她的两个儿子。后来，阿尔希诺又嫁给自己的亲兄弟、人称"爱手足者"（philadelphe）的托勒密二世，两人共享埃及王座。阿尔希诺在其统治期间被神化，并且加强了埃及在海外的影响力。

插图 公元前4世纪的伊西斯女神形象的阿尔希诺二世的花岗岩雕像，亚历山大里亚水下发掘时被发现。现藏于柏林马丁·格罗皮乌斯（Martin Gropius）博物馆。

阿尔希诺和克利奥帕特拉：埃及的女王

阿尔希诺二世去世两个世纪后，克利奥帕特拉七世——亚历山大大帝的将军托勒密一世建立的托勒密王朝的最后一位女王——接过了阿尔希诺的王冠。我们并没有找到这项王冠，但它出现在很多作品中，如雕像、浅浮雕、印章和货币。据哥德堡大学的一篇论文显示，通过对王冠符号的分析，阿尔希诺二世与克利奥帕特拉七世很可能像法老一样享有全部权力，她们两人都被神化并被视作伊西斯女神在人间的具象。

暗杀佩尔迪卡斯：血腥继承的开始

在继业者战争中，佩尔迪卡斯是亚历山大的将军里的第一位牺牲者。"千总"佩尔迪卡斯死于公元前 321 年带领方阵前往埃及与托勒密作战时，他的一生是被性格拖累的一生。

奥林匹亚丝希望佩尔迪卡斯返回马其顿，把亚历山大大帝的遗骨一并带回，然后与亚历山大的妹妹克利奥帕特拉完婚，并担任摄政。然而，在这之前，佩尔迪卡斯已经许诺与马其顿的摄政安提帕特的女儿成婚，他接受了奥林匹亚丝的提议，却让安提帕特知道了此事。安提帕特认为自己遭受了背叛，便同早已与佩尔迪卡斯不睦的弗里吉亚总督安提柯结盟。为了阻止亚历山大的灵柩被运回马其顿，托勒密也加入了联盟。佩尔迪卡斯被迫向托勒密宣战并入侵埃及，后来死在了那里。毫无疑问，佩尔迪卡斯缺乏政治灵活性，而且他还有一个弱点——缺乏耐心，这点在底比斯战役中得到了充分体现。在这场战斗中，佩尔迪卡斯不等亚历山大下令就发起攻击，导致亚历山大后来不得不对他施以援手。佩尔迪卡斯在作战中受伤，但是由于底比斯被击溃，他的行为被看作英雄行为。在埃及，佩尔迪卡斯的行动既没有考虑到托勒密的军事才能，也没有预见到托勒密开凿尼罗河水库引发的巨大洪水，更没有想到生活在沼泽区的无数鳄鱼……他固执地执行军事行动却不知变通，导致数以千计的士兵死亡。由于对佩尔迪卡斯在军事上的无能感到愤慨——或许背后也受到托勒密和塞琉古等人的唆使，马其顿的骑兵队长安提贞尼斯（Antigénès）和培松（Peithon）冲进佩尔迪卡斯的帐篷，将他刺死了。

插图 亚历山大石棺上的浮雕，描绘了骑马的佩尔迪卡斯。现藏于伊斯坦布尔考古博物馆。

度是亚历山大的继承者中的最强大者，他计划统治整个亚洲。

公元前 319 年末，70 岁高龄的安提帕特去世了。安提帕特并没有把马其顿总管（pimelete）之职传给他的儿子卡山德，而是传给了他的老友和战友波利伯孔。波利伯孔做了一些不寻常的政治决定，还做出了一个轻率的举动，那就是把流亡伊庇鲁斯的奥林匹亚丝邀请回佩拉王宫，以确保其对亚历山大四世的监护权。可想而知，卡山德本就对父亲的决定感到愤怒，这次他没有坐以待毙。卡山德想统治马其顿，因此他向波利伯孔宣战了。就这样，权力关系又一次重新洗牌。

安提柯希望最好能让欧迈尼斯与他同一阵线，于是解除了对

他的围攻，试图与昔日的对手结盟。但是，波利伯孔和奥林匹亚丝经过协商，也向这位来自克里特岛的继业者欧迈尼斯抛出了橄榄枝——他们将与他联盟以对抗卡山德和安提柯。欧迈尼斯接受了后者的提议。

卡山德和波利伯孔双方都试图劝服希腊各城邦与己方阵营联盟，并承诺会在泛希腊宣言中恢复古代的自由。两年中，双方阵营各有胜负，战争结果悬而未决。然而，卡山德与安提柯方最终获胜。

腓力三世·阿里达乌斯年轻而诡计多端的王后欧律狄刻二世也加入了战局。为了让丈夫登上王位，这个野心勃勃的女人率领一支强大的军队支持卡山德。欧律狄刻原想对抗奥林匹亚丝，但是士兵拒绝在战场上攻打亚历山大的母亲。奥林匹亚丝最终俘虏了年轻的王后及其丈夫，态度非常强硬地下令处决腓力三世·阿里达乌斯，并强迫欧律狄刻自杀，宣称为被毒杀的亚历山大复仇。

奥林匹亚丝并未享受胜利果实很久。在与雅典和平谈判后，卡山德入侵马其顿并俘虏了奥林匹亚丝，并因其罪行判处她死刑。当腓力三世·阿里达乌斯和欧律狄刻的皇家葬礼举行时，奥林匹亚丝被处以石刑。卡山德面前再无阻碍，他成为王国摄政，对罗克珊娜及其子亚历山大四世拥有不可置疑的权力，后者仍被视为亚历山大的继承人。

统一帝国的终结

在亚细亚，安提柯与欧迈尼斯进行了两年多的战争。公元前 316 年秋，对峙的两名继业者在波斯北部的帕莱托尼翁（Parétacène）进行了一场大规模战役。这场战争的胜负未定，战争结束后，安提柯返回了米底，放弃追踪欧迈尼斯。但是没过多久，欧迈尼斯便被他的雇佣兵出卖并交给了安提柯，很快被处决。

从那以后，"独眼"安提柯统治了从小亚细亚至波斯的广大帝国。安提柯肆无忌惮地掠夺埃克巴坦那、苏萨和波斯波利斯的大量财宝，他的傲慢和野心引来了其他继业者的敌意。安提柯赶走了塞琉古，后者逃到埃及避难。作为反击，托勒密、卡山德和利西马科斯向安提柯发出最后通牒，他们要求让塞琉古返回他的土地，并瓜分欧迈尼斯的巨大财富。

双方多次交锋，各有胜负。对抗以卡山德、托勒密、利西马科斯与安提柯签订新的和平协定告终，从前的边界几乎重新确立。塞琉古也签订了新协定，根据该协定，他得到了波斯和帝国的东部地区。几年后，塞琉古把与印度接壤且难以治理的从阿拉科西亚到格德罗西亚地区赠与印度孔雀王朝的国王旃陀罗笈多（Sandracottos，或 Candrá-gupta），以此交换 500 头大象和承认异族婚姻。

随着时间的推移，由亚历山大帝国解体而产生的希腊化王国的版图形成且日益清晰，人们认为没有必要支持一个单一的君主制而让王位落入马其顿王国的时刻来

到了。卡山德决定秘密杀死罗克珊娜王后及其子亚历山大四世。

继业者们相继采用了国王的称号。公元前306年，安提柯与其子"攻城者"德米特里一世自立为王，前者被称为安提柯一世。随后，托勒密在埃及称王，史称托勒密一世；利西马科斯、塞琉古（后来成为塞琉古一世）和卡山德也同样做出了灵活的选择。对于新君主国的承认，表明了亚历山大大帝计划的消失。

根据所从属的地理位置的不同，国王的头衔也具有不同的价值。在马其顿，君主制是一种建立在统一民族和强盛国土基础上的传统制度；在其他被武力征服的地区，国

"攻城者"德米特里

自从"独眼"安提柯去世后，其子德米特里（德米特里一世）自立为王。由于德米特里一世建造围城器械并使围城战发生了重大变革，他收获了"攻城者"的称号。

插图 马其顿国王德米特里一世的半身像，雅典阿波罗尼乌斯（Apollonios）的作品。现藏于那不勒斯国家考古博物馆。

王的头衔是对胜利征服者军功的奖赏。

在东部地区，国王的头衔要求臣民绝对服从和近乎神圣的崇拜。在埃及，托勒密王朝以古代法老的威望加冕；在亚细亚，塞琉古王朝登上王位时取代了古波斯和巴比伦王，而德米特里一世这位国王没有自己的王国。

但是，军事冲突仍在继续。"独眼"安提柯不得不多线作战。安提柯之子年轻好战，人称"攻城者"（意为城市掠夺者）德米特里一世，使用强大和新型的战争机器围攻繁荣的罗得岛；他还攻下了塞浦路斯、科林斯和雅典等城市，这促使对手们重新结盟。

公元前301年，卡山德、利西马科斯和塞琉古（连同500头战象）集合兵力在弗里吉亚的伊普苏斯作战，击溃了安提柯和德米特里一世。在这场激烈的战斗中，野心勃勃的"独眼"安提柯阵亡，其子"攻城者"德米特里一世孤立作战，最终溃逃。随着安提柯的死亡，统一帝国的梦想消散了，而在他之前这也曾是佩尔迪卡斯和欧迈尼斯的梦想。

这场胜利过后，开启了新一轮的土地瓜分：利西马科斯获得了整个小亚细亚，托勒密得到了已征服的巴勒斯坦、大马士革地区、奇里乞亚和吕西亚的部分领土，塞琉古则保留了波斯的广大土地。

勇敢而顽固的"攻城者"德米特里一世并未放弃战斗。卡山德死后，德米特里一世攻占了马其顿。但是几场胜利过后，德米特里一世再次遭遇挫折，相继失去了在马其顿、雅典和爱琴海一带的势力，并被塞琉古俘虏。公元前285年，德米特里一世死于狱中。"攻城者"德米特里一世留下了一个迷人的形象，因为其性格和悲剧命运，作家普鲁塔克曾把他和马克·安东尼（Marc Antoin）相提并论。

三个新王朝

伊普苏斯胜利者的联盟并未持续很久。公元前281年，塞琉古侵略小亚细亚，并在库鲁佩蒂翁（Couroupédion）战役中杀死了昔日的盟友利西马科斯。塞琉古渡过赫勒斯滂海峡，但是或许是急于重建帝国，当他在胜利的鼓舞下进军马其顿时，被昔日盟友托勒密一世的长子托勒密·克劳诺斯（Ptolémée Kéraunos）刺死。被

其父托勒密一世剥夺埃及的继承权后，托勒密·克劳诺斯夺得了马其顿王位，但也只维持了数年时间，之后死于加拉太人（Galates）的侵略。公元前279年，这群来自山南高卢（Gaule Cisalpine）的凯尔特人突然入侵马其顿，并将托勒密·克劳诺斯的头颅挂在长矛上作为战利品招摇过市。就在这时，虽然不如其父"攻城者"德米特里一世那么聪明却更加狡猾的安提柯二世（Antigone Ⅱ Gonatas），于公元前277年在利西马其亚（Lysimachie）战役中打败了加拉太人。安提柯二世重新征服并继承了马其顿王国，并在此统治了三十三年。安提柯二世在位期间，于公元前267年在克里莫迪亚兹（Chrémonidéenn）战役中击败

罗得岛巨像

罗得岛是在"攻城者"德米特里一世强大战争机器的进攻下陷落的城市之一。但是，作为罗得岛的盟友，托勒密一世派出一支强大的舰队赶走了侵略者。为了庆祝这一胜利，当地居民决定为城市的保护神赫利俄斯（Hélios）建造这座著名的巨型雕像。

插图 《罗得岛巨像》（*Le Colosse de Rhodes*），西班牙画家安东尼奥·穆尼奥兹·德格林（Antonio Muñoz Degra）的油画。现藏于马德里圣费尔南多（San Fernando）皇家美术学院。

塞琉古一世：塞琉古帝国的奠基人

作为亚历山大骑兵团的将领，塞琉古参与了从格拉尼库斯河战役到希达斯皮斯河战役在内的所有战役。国王亚历山大去世后，塞琉古控制了巴比伦行省，在那里建立起了塞琉古帝国。

登上王位二十年后，塞琉古放弃了对远东土地的统治。或许是有某种奇怪的补偿心理，塞琉古建起了许多希腊城邦（poleis）。塞琉古在海边建立了皮埃里亚的塞琉西亚（Séleucie de Piérie），作为安条克（Antioche）和底格里斯河的塞琉西亚（Séleucie du Tigre）的港口。然后，塞琉古相继在腓尼基、叙利亚、幼发拉底河、底格里斯河两岸，甚至在波斯建立了城市。塞琉古帝国是自亚历山大帝国中分离出来的国家中面积最大的一个，但同时也因其种族和文化多样性而最不稳定。在位于安条克的王宫里，塞琉古需要统治遥远而动荡的土地。随着时间的推移，除了安条克三世的短暂统治时期，帝国的版图不断缩小。公元前63年，庞培（Pompée）攻陷了塞琉古帝国最后的残余势力叙利亚，并将其变成为罗马的一个行省。

插图　左图，公元前3世纪的塞琉古的青铜半身像，现藏于那不勒斯国家考古博物馆。右图，阿尔忒弥斯（Artémis）神庙遗址，位于马其顿的杜拉-欧罗普斯（Doura-Europos）——该城是塞琉古的出生地，也是塞琉古帝国最重要的战略城市。

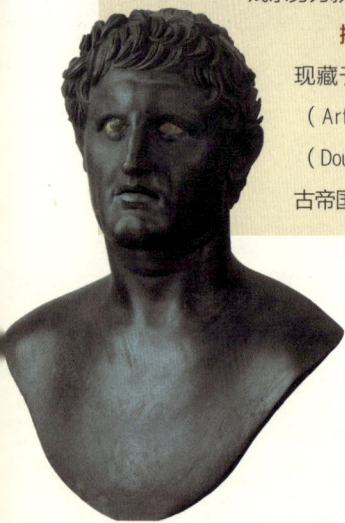

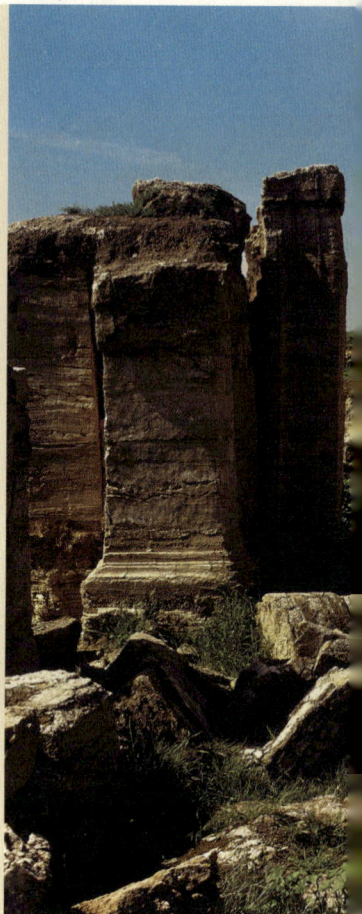

了希腊城邦联盟，彻底粉碎了希腊城邦独立的愿望。从此，雅典成为一个二流城市。

在一系列冲突过后，建立了三个伟大的王朝，他们是马其顿的安提柯王朝、埃及的托勒密王朝与统治叙利亚、美索不达米亚和波斯的塞琉古王朝。亚历山大大帝去世半个世纪之后，他的继业者的三个后代继续统治着古老的帝国，他们是安提柯二世、托勒密二世（Ptolémée Ⅱ Philadelphe）和安条克一世（Antiochos Iᵉʳ Sôter）。安条克一世是塞琉古之子，公元前281年接替父亲成为亚细亚的君主。在父亲托勒密一世去世后，

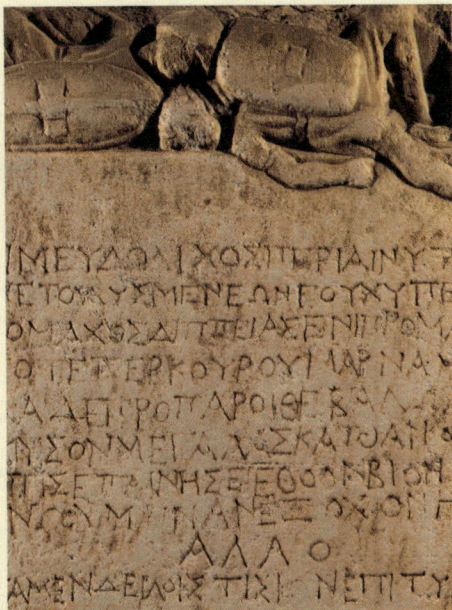

继业者战争 梅纳斯（Ménas）的墓碑，他是在对抗塞琉古与利西马科斯的库鲁佩蒂翁战役中倒下的士兵。墓碑发现于伊兹尼克（Iznik，今土耳其尼西亚 [Nicée]），建于公元前3世纪—公元前2世纪。现藏于伊斯坦布尔考古博物馆。

托勒密二世于公元前284年加冕成为埃及国王。至于安提柯二世，他是"攻城者"德米特里一世之子，于公元前277年成为马其顿国王。在亚历山大众多野心勃勃的继业者中，只有安提帕特和托勒密在他们的王宫中自然死亡。

亚历山大的杰作——宇宙的统一，现在不过是一个幽灵。希腊化世界出现了新的形势，新王朝一直持续到欧洲和亚洲王国被攻无不克的罗马兵团攻陷。无论如何，到了公元前276年，如同英国历史学家彼得·格林（Peter Green）所写的那样，"纪念亚历山大的葬礼游戏结束了"。

希腊化王国

在马其顿征服东方、希腊继业者王国建立后，古典时期的希腊，即自由城邦逐渐消失。诸如雅典、斯巴达和底比斯等历史城市，曾经为他们的辉煌和自治而骄傲，如今却不得不屈从于王权。其他一些更古老的政治形式，如联盟则重新获得了重要性。

自亚历山大大帝处继承了帝国的继业者们经历了五十多年的征战，他们的后裔终于在新的希腊化世界成功建立了某种力量上的平衡。这种战略稳定通常是外交斡旋的结果，但有时也出于缺乏继续战争的必要资源以及加拉太人等外敌的存在。

在这种背景下，新的势力出现了——中亚的帕加马（Pergame）和东方的帕提亚帝国；而在西方，罗马正在暗暗壮大势力。此外，马其顿对希腊的统治引发了一个重大的历史问题——城邦的独立性消失了，而独立性是古典时期希腊城邦公民理

英雄、国王与神明：古典主义对希腊化时期的影响

在对和平的祈祷中，亚历山大大帝希望所有人民可以通过行动和思想团结起来，和谐相处。在继业者统治时期，这种意愿通过文化传达出来，不仅出现了新的哲学流派，而且数学、艺术和医学也得到了发展。但是，这同时也是希腊主义没落的开始。

希腊化时期，英雄崇拜广为传播。治疗仪式通常与神谕有关，如卡尔查斯（Calchas）或安菲阿俄斯（Amphiaros）的神谕，但也与阿斯克勒庇俄斯（Asclépios）等英雄有关。同时，不管是死于背叛或战斗，都可以被升格为神。希腊化时代的君主通过个人功绩（赢得一场战役或战争）而登上王位，他们通常承担三项职能——领导军队、主持公道和敬奉神明。民众的崇拜对象是传统的神明，如狄俄尼索斯、伊西斯、奥西里斯、库柏勒（Cybèle）、密特拉（Mithra）、赫利俄斯（Hélios）和阿斯克勒庇俄斯等。新生的神明福尔图娜（Fortuna）——又称狄希（Tyché）则保护个人的命运，同修会（Les congrégations d'initiés）和世界末日兄弟会（les confréries apocalyptiques）也成倍增加。

插图 左图，戴着阿蒙角的亚历山大雪花石半身像，来自公元前1世纪的亚历山大里亚，现藏于纽约布鲁克林美术馆。右图，《荷马的礼赞》（L'Apothéose d'Homère），公元前3世纪—公元前2世纪普里埃内一位雕塑家的作品，现藏于伦敦大英博物馆。

想的关键因素。

但是，这一演变并非一场革命。事实上，希腊城邦受制于马其顿国王，后者要求一笔贡赋和为其军队提供人员，以及与他的地位相匹配的荣誉，并且保留了他们的政府。这些城邦一直自由地做决定，至少表面上是如此。需要强调的有趣的一点是，国王们坚定地捍卫代议制，特别是民主原则。亚历山大是亚洲希腊城邦民主宪法的伟大创造者，在他之后的继业者们，尤其是他们的子孙后裔，认为民主是统治的基本准则。

总体而言，这座希腊城邦依然是希腊化时期的参照，

希腊人的生活方式和价值观仍然发挥着主导的文化、知识和宗教影响。但是，希腊城邦的经济影响力则只是艰难地超出其边界范围少许。

为了防止暴动，继业者们为自己树立了民主的形象。从理论上而言，这样做并没有错，因为民主已经贯彻在希腊城邦内部。但是，在现实中，公民自由参与城邦的管理只是表象，因为最终还是由国王任命的官员来操纵会议的决定，以维护其利益。这样一来，自由成为假象，国王不仅控制了城邦完全依赖于他的对外政策，还稳稳掌控了城邦的对内政策。

雕塑：希腊艺术之花

《拉奥孔和他的儿子们》（*Laocoon et ses fils*），这组雕像是罗得岛的三位雕塑家阿格桑德罗斯（Agésandros）、阿特诺多罗斯（Athénodore）和波利多罗斯（Polydore）的作品，表现了奥林匹斯众神对特洛伊祭司拉奥孔的惩罚。拉奥孔曾提醒特洛伊人提防奥德修斯和希腊人的诡计，并建议他们不要放木马进入城堡。据古罗马作家维吉尔在《埃涅阿斯纪》（*L'Énéide*）中讲述，当拉奥孔向波塞冬献祭时，他和两个儿子被海蛇袭击了。这组作品是希腊化时期的雕塑杰作之一，它体现了当时雕塑家对解剖学的精准掌握，对疼痛和痛苦的表达也通过巨大的情感力量呈现出来。这一时期的艺术不再像原始时期和古典时期那样与魔法和宗教相联系，而是在精确度、表现力和心理深度方面胜出。

① 中心形象 拉奥孔的形象是解剖学研究和脸部表现的奇迹。他的身体努力从压迫束缚中解脱出来的张力体现了巨蛇的力量，动作的统一又加强了这种戏剧特点。

② 次要形象 孪生子打破了处于中心位置的拉奥孔带来的强烈的垂直感。由于身体形式更加古典，以及人物脸上哀求的表情，戏剧性有所减少。

《拉奥孔和他的儿子们》 这组白色大理石雕塑高2.42米，于1506年被发现于尼禄（Néron）的金宫旧址——此地后来成为古罗马皇帝提图斯（Titus）的宫殿。这一发现震惊了16世纪意大利文艺复兴时期的艺术家们。米开朗琪罗认出这就是老普林尼于公元70年左右在其著作《自然史》（*Histoire naturelle*）中所描述的那尊雕塑，该作品成为强烈影响风格主义的典范。

帕加马阿塔罗斯一世时的加拉太人雕像

这名倒地的加拉太人是所有雕像中受伤最轻的一个战士，而帕加马国王阿塔罗斯一世定制这组雕像是为了庆祝其军队在反抗凯尔特人侵略战争中取得的胜利。这名加拉太人的右臂支撑起身体的重量，他抬起左臂保护头部，同时他的脸部表情既恐惧又庄重。这组作品中的其他雕像早已散落他处，其整体为三角形构图，"蛮族"领袖路德维希（Ludovisi）及妻子是垂直轴心，而他们的死亡是戏剧要素的核心。加拉太首领左手托起死者的尸体，右手持剑刺入死者的胸膛，其身体和脸部都表达出悲怆的戏剧性。这件帕加马流派的作品可追溯到公元前170年左右，现藏于威尼斯考古博物馆。

③ 造型艺术的节奏
通过身体和巨蛇的姿
态所传达的造型活
力，突出强调了悲怆
的情感，并将其作为
主导。

④ 技巧 身体和服
装都精雕细刻，深
刻的切口营造了阴
影效果。同时，雕
像脸部透露出恐惧
和痛苦。

作为希腊的保卫者和施恩者（évergète）的希腊化时期的领袖们，自矜于统治着一个通过民主方式自治的理想社区。但是，假如王国的整体利益受到威胁，他们就必须服从于更高级别的君主。因此，在国王的意志面前，每个城邦的独立都是无效的，国王总是以促进共同利益之名将自己的意志强加给各城邦。

公平对待所有臣民的责任，为君主们提供了发动战争、讨伐不服从势力的理由。因此，尽管国王与城邦的关系看似建立在和谐的基础上，当城邦反抗国王或者胆敢与其冲突时，"破坏和谐"者将受到严厉的惩罚。叛乱分子将失去自由参与政府的权利，或者被征收大量赋税。

新型的行政管理

为了控制领土，国王们依靠当地传统建立了复杂的行政和官僚机构。在亚细亚，继亚历山大之后，塞琉古更倾向于效仿波斯帝国的行政体系，保留可作为行省统治者的总督制度，而总督人选是从伙友骑兵中招募而来的。这些继承了马其顿传统的贵族和军官，或通过家族联系，或通过只对君主负责的完全效忠，与国王建立了直接的联系。

在托勒密王朝，我们已知有负责行政的官员，如财务官（diocètes）主要负责经济事务，诸如征集税收、贡赋和关税，控制财政收入或供应军队和要塞的军需等。财务官按照地区划分等级，他们构成了政府的基石。埃及被视作国王的资产，国王则是此前历代法老的继承者。

建造堡垒（phrouria）是希腊化君主赋予希腊城邦与其他领土的权利，旨在维护他们的权威，同时也是为了保证安全，防止内部动乱和外部攻击。这是王国的一项基本特征。堡垒的修建由专门的官员（phrouarque）负责，由他向总督或高级官员报告，后者直接对国王负责。在希腊化社会，负责要塞的官员日常服务于君主制，这个社会包括三种社会秩序——希腊精英、被征服的"野蛮"民族和在他们之上的王室。通过由行政和安全机关构成的密集网络，君主保证了所有臣民的安宁，从而也成为希腊文化的杰出捍卫者。

此外，不论是征服者或是曾追随亚历山大的征服者的后裔，在由征服产生的王

尼西亚的西帕库斯与希腊化世界的科技进步

尼西亚的西帕库斯（**Hipparque de Nicée**，约公元前 190 年—公元前 120 年）被认为是天文学的奠基人，他的工作对天文观测和恒星分类做出了重要贡献。西帕库斯继承了埃拉托色尼（**Ératosthène**）成为亚历山大图书馆的馆长，并于公元前 2 世纪制定了一份使用至今的星表（天文学目录）。

除星表外，西帕库斯还制定了测量地球经纬度的方法，这构成了地形学的基础。西帕库斯发明了用于测量星体的经纬仪，他的主要前辈是萨摩斯的亚历斯塔克斯（Aristarque de Samos，约公元前310年—公元前230年）——测量了太阳到地球的距离，首次提出了日心说。西帕库斯的作品中只有《阿拉托斯的物象和欧多克索斯的评注》（*Commentaires aux phénomène s d'Aratos et à la sphère d'Eudoxe*）中的三卷保存下来：第一卷描述了星座，另外两卷包含了在天体内的运动计算，以及一份亮星的星表。西帕库斯的著作之所以能为人所知，要归功于公元2世纪的天文学家克劳迪乌斯·托勒密（Claude Ptolémée）曾在著作中提到过它。克劳迪乌斯·托勒密宣称，除发明了三角函数外，西帕库斯将圆周划分为360°并引入希腊数学，发现了岁差，描绘了恒星的表面运动，计算了地球到月球的距离（约为59~67个地球半径）。西帕库斯编绘的星表至今仍在使用，他在星表中把恒星划分为6个等级，又称星等。除了亚里士多德和泰奥弗拉斯托斯（Théophraste）的作品外，希腊时期的科学著作还包含阿基米德（Archimède，物理学）、欧几里得（Euclide，几何学）、帕加马的阿波罗尼乌斯（Apollonios de Perga，几何学）与菲隆（Philon，物理学）等人的作品。

插图 尼西亚的西帕库斯在亚历山大里亚的天文台，19世纪彩色木刻。

国中，希腊化君主就是军阀，是土地和臣民的绝对统治者。在希腊化时期，篡位和继承问题层出不穷，只有战胜其他觊觎王位之人，才能明确证实其统治能力。在君主和受其统治的非希腊土著人口的关系中，武力也是常用手段。虽然君主们允许他们保留大部分的习俗与传统，但一切必须服从于希腊人的繁荣——他们是希腊化王国的一等公民。

君主的神化

尽管只有军事实力和胜利是统治所必需的，希腊化国王们仍然使用多种宣传手段，以赋予其君主地位合法化和一致性。尽管自荷马的时代起，君主制就存在于希腊的政治思想中，但并非所有城邦都接受这种理念。因此，继业者们及其继承者塑造了一种新的君主形象，以使其权力合法化。

许多统治者选择在名字后面加上称号，以彰显他们的特殊个性，如"救主"（sôter）、"施恩者"（évergète）、"希腊人之友"（philhellène）、"笃爱父亲者"（philopator）以及"胜利者"（nikator）……通过这些称谓，他们以父亲、保护人、资助人或征服者等形象，致力于保护希腊世界不受外来侵犯。

然而，希腊化君主意识形态建设的核心和最具意义的要素，当属对君主复杂的神化过程。除了马其顿这一明显例外——在这里对于王国传统的深沉依恋阻碍了它的发展——这种神化演变在所有其他希腊化王国非常普遍，罗马帝国后来也继承了这一传统。当亚历山大试图强行推广"服从礼"以证实其神圣血统时，抑或当他希望被视作活着的神时，正是他本人亲自发起了这一神化过程，但这位年轻国王的死终结了这一举措。

以崇拜和承认他们的神性为原则，继业者们逐渐与其臣民们建立起联系。从这个意义上说，对君主的神化可能首先是为了确保其权威的需要。被亚历山大征服的广袤土地上的人民，不论是在波斯抑或在埃及，都视此前的国王为神派来的使者，并因此而崇拜他们。那么，希腊化王国的土著人口把新国王当作神明来崇拜，也就不足为奇了。

希腊人也并非想象中那样不愿意神化他们的国王。长久以来，城市的建造者、

奥林匹克运动会的竞技者，以及其他英雄人物，都是神化和崇拜的对象。这些崇拜活动在希腊城邦中都是相当自发的，这是得到善待的城邦对君主的认可。因此，对王室的崇拜也被加入到对城邦神明的崇拜中。

神化君主还有一个社会目的，即联合的作用。事实上，这是让国王成为杰出的领袖，以及王国中各种文化和宗教共同的神：国王是一个与神界有联系的天选之人，高于一切其他凡人（特别是当存在潜在对手或其他觊觎王位者、篡位者时），体现了王国的统一。

这些合理化君主制的论述相当重要，可以与王国良好治理的要求相比较。因此，保持被神化王室家族血统纯洁就十分重

希腊化文化

尽管亚历山大帝国的解体带来了深刻的政治和社会变革，古典文化仍然是希腊化扩张的主要载体，并且继续影响着城市、公民、机构和建筑。

插图 提洛岛（Délos）的竞赛祭坛。

安提柯二世：城邦的领主

安提柯二世拥有一支舰队以及数座沿海城市，但是凯尔特人的入侵改变了安提柯王朝的命运。

加拉太人的入侵发生于公元前279年，安提柯二世在利西马其亚（Lysimacheia）将其打败，并树立了马其顿王位的权威。安提柯二世在位期间并没有在亚洲燃起战火，而是致力于重建城市和在佩拉（Pella）重建王宫。当伊庇鲁斯国王皮洛士入侵马其顿时，安提柯二世将其击退并在阿尔戈斯（Argos）杀死了他。后来，安提柯二世与一支由雅典、斯巴达和其他希腊城邦组成的联军作战，而这支联军得到了托勒密二世的支持。安提柯二世的要塞位于科林斯和阿提卡（Attique），斯巴达曾三次试图夺取科林斯但都以失败告终，其国王阿雷欧斯一世（Aréos Ier）也在第三次战争中死去。随后，安提柯二世打败了伊庇鲁斯的亚历山大二世，围攻并征服了雅典。或许是厌倦了战斗，安提柯二世没有与重组的亚该亚联盟作战，而是返回了佩拉。安提柯二世是安提柯家族第一位在寝宫中自然死去的人。

插图 哲学家在指导安提柯二世（中间）和他的母亲费拉，博斯克雷阿勒（Boscoreale）别墅的壁画。现藏于那不勒斯国家考古博物馆。

皮洛士国王

伊庇鲁斯国王皮洛士（Pyrrhus）的半身像，曾入侵安提柯二世建立的王朝。这是一尊大理石罗马复制品，其希腊原型来自赫库兰尼姆（Herculanum）的帕皮里别墅（villa des Papyrus），可追溯到公元前290年。现藏于那不勒斯国家考古博物馆。

要。身为同一个国王的孩子，作为潜在的未来继承人的兄弟姐妹之间的婚姻就出现了，以至于希腊化王国近亲结婚生子的现象非常普遍。这样做的好处显而易见，就是避免了第三方对继承问题的诉求，就如同不同王国在建立之初时继业者之间的联姻所发生的那样。

马其顿王国

安提柯二世，"攻城者"德米特里一世之子，继业者"独眼"安提柯之孙，于公元前277年在色雷斯的利西马其亚附近打败了加拉太人。通过这场胜利，安提柯二世驱逐了其他的王位候选人。自从腓力二世和亚历山大时期的老将

安提帕特在拉米亚战争（公元前 321 年）中粉碎了雅典率领的希腊联军后，马其顿王国的疆域便包含了整个希腊大陆。

富有远见的安提柯二世非常了解希腊人的秉性，他知道他们不会接受希腊化世界新君主们的方式，各希腊城邦的人民只会承认那些通过军事胜利取得国王宝座者的合法性。君主对城邦领土权力的加强，以及对所辖城邦和机构相对自治权的压制，都会受到质疑；国王若想在希腊城邦确立权威，就需要以城邦机构和自由的行善者、施惠者以及捍卫者的身份出现。

为此，君主们做出了一系列的施恩行为，即对城邦施行各种性质的捐赠，通过树立慷慨国王的形象而令城邦及

多多纳的议事厅
（第 174—175 页）

位于伊庇鲁斯的多多纳（Dodone）神谕所是古代仅次于德尔斐（Delphes）的最著名的神谕所，在皮洛士国王统治时达到全盛。皮洛士在位时几乎重建了所有公共建筑，并建立了这座议事厅。

领袖们依附于他们。领袖们可以成为"国王之友",在城邦和君主间起到纽带的作用,同时他们的存在也有助于维系城邦所坚持的独立假象。

马其顿与希腊作为东方征服者的摇篮,是希腊传统扎根之处。因此,希腊化君主的东方特征并不明显。例如,马其顿的国王从未被神化,这是希腊化国王中的例外。登上马其顿王位时,安提柯二世已年近 40 岁。为了维护权威,安提柯二世不得不多次展开战争。事实上,在古典时期的希腊城主中,安提柯二世是唯一一位通过不断征战来维持其独立和霸权者。安提柯二世心知肚明,时代虽然变了,但是反叛的精神并未消失。

抗击加拉太人获胜后,伊庇鲁斯国王皮洛士(Pyrrhus)在数个希腊城邦的支持下入侵马其顿。公元前 274 年,安提柯二世被废黜。但是,两年后的公元前 272 年,皮洛士死于阿尔戈斯城(Argos)的一场争执中,安提柯二世又重新获得了王位。为了防止类似厄运的发生,以及终止被再次废黜的威胁,安提柯二世采取了一些强有力的措施。为了加强控制,安提柯二世在多座希腊城邦安排了驻军和寡头,与此同时还提高了税收。这些决定助长了希腊人民对安提柯二世的不满,加深了对他的反感,而他的对手就充分利用了这一点。

公元前 260 年初,出现了一个安提柯二世与塞琉古王朝结盟的良机:安条克一世疯狂爱上了他的继母、安提柯二世的妹妹斯特拉托尼斯(Stratonice)。对于托勒密王朝而言,马其顿与塞琉古王朝的结盟是个巨大的风险,决定迅速干预。公元前 267 年,在托勒密二世在雅典的代理人的支持下,雅典哲学家、政治家克雷莫尼德斯(Chrémonidès)说服同胞与斯巴达结盟,共同对抗安提柯二世。由此,爆发了克雷莫尼德斯战争(公元前 267 年—公元前 261 年)。

希腊的这次反叛符合托勒密二世的利益,他以父亲托勒密一世为榜样,试图扩大在爱琴海的影响。最初,马其顿与叛军的交锋规模不大,叛军时有胜利。在战争的最初几年,希腊方面看上去确实有望获胜。决定性的战役发生在科林斯附近,战争最终以希腊军队的失败和斯巴达国王阿雷欧斯一世(Aréos $\mathrm{I^{er}}$)的死亡告终。雅典人处于孤立无援的境地,他们极度缺乏对抗安提柯二世的物资,又严重依赖托勒密二世的支援。在被马其顿军队围攻,等待埃及救援无望后,雅典于公元前 262

阿拉托斯：安提柯二世的宫廷诗人

阿拉托斯（Aratos，公元前 310 年—公元前 240 年），宫廷诗人，出生于奇里乞亚的索里（Soles），为安提柯二世创作了一首赞美诗以庆祝其对加拉太人的胜利。阿拉托斯还创作了著名的天文诗歌《物象》（*Phénomènes et pronostics*）以及一些医学作品，但都已失传。直至文艺复兴时期，人们对其作品重新产生了兴趣。

这篇1154行的六音步格律长诗《物象》用诗句介绍了天文学家和几何学家欧多克索斯，他是阿尔奇塔斯（Archytas）和柏拉图的弟子，设计了可见天体运动的理论模型。在公元前2世纪尼西亚的西帕库斯做出改进之前，阿拉托斯的作品展示了当时以新式数学为基础的宇宙科学。阿拉托斯还创作了一部有关星体和气象学的作品，名为"星体"（Astrika）。同时，阿拉托斯的主要作品被视为希腊世界宣教诗的最佳范例。赫西俄德（Hésiode）于公元前7世纪发明了这种传统体裁，并被罗马帝国卓越的作家们采用，诸如奥维德（Ovide，《变形记》[*Les Métamorphoses*]）、维吉尔（Virgile，《农事诗》[*Les Géorgiques*]）和卢克莱修（Lucrèce，《物性论》[*De la nature*]）等。阿拉托斯的作品以精致优雅的诗歌语言写就，被西塞罗（Cicéron）等众多罗马作家翻译传播；他的一些天文学描写流传至中世纪。

插图 11世纪微缩的《物象》天文学图表，现藏于法国布洛涅·比扬古市立博物馆。

年—公元前 261 年投降。从此以后，马其顿在雅典城永久驻兵，而独立不过是雅典对过去荣耀的苦涩回忆。

尽管雅典的叛乱被镇压了，马其顿却未因此获得和平，新的威胁出现了。趁安提柯二世围困雅典之际，皮洛士的继承人、伊庇鲁斯的亚历山大二世（Alexandre Ⅱ）入侵了马其顿。安提柯二世之子德米特里二世（Démétrios Ⅱ Etolicos）粉碎了这一企图，但为了维系王朝的战争并未结束。安提柯二世从未停止过战斗，他长期处于托勒密王朝的进攻之下，后者则利用地处偏远不受波及的优势，在巴尔干半岛和爱琴海流域密谋反对其权威。公元前 256 年，即使安提柯二世的舰队在科斯岛一战中打败了托勒密王朝，依旧未能带来长久的休战。事实上，安提柯二世此后不得不面对新的敌人，即城邦同盟或联盟。

这些联盟在希腊的历史十分悠久，就如同自古以来的维奥蒂亚联盟。它们可以由一国国王或军阀发起，又或者相当于几个城邦的联盟。它们还可能以一个民族为基础，或是由几个小城邦或村镇组成的地区或文化组织。公元前 3 世纪，几个新型联盟发展起来。其中，伯罗奔尼撒半岛北部的亚该亚联盟和希腊中部的埃托利亚联盟是最强大的两支，这些联盟成为安提柯二世及其王朝强大的对手和敌人。

公元前 251 年，西库昂的阿拉托斯（Aratos de Sicyone）驱逐了安提柯二世的盟友、僭主尼古克里斯（Nicoclès）后，公开与马其顿作对。阿拉托斯得到了伯罗奔尼撒北部亚该亚联盟的支持，发展为军阀，同时也是安提柯王朝最危险的敌人。阿拉托斯敌视马其顿安插的独裁官和寡头，以解放者自居。在包括雅典在内的许多希腊城邦的支持下，阿拉托斯取得了重要的军事胜利，并于公元前 243 年成功占领了科林斯要塞。

随着胜利的到来，亚该亚联盟聚集了越来越多的盟友，对安提柯王朝构成了越来越大的威胁。公元前 239 年，安提柯二世离世，他把马其顿王位连同亚该亚联盟这个麻烦一并留给了儿子德米特里二世。当阿拉托斯的权力以不可阻挡之势增长时，年轻的国王德米特里二世决定遏止亚该亚联盟在伯罗奔尼撒的扩张。

与希腊人作战

埃托利亚同盟将阿卡迪亚的控制权交给了斯巴达。公元前 227 年，阿拉托斯占领了几座阿卡迪亚的城市后，战争爆发了。古希腊历史学家波利比乌斯（Polybe）将其命名为克里米昂尼（Cléomène）战争，是阿拉托斯率领的亚该亚联盟与斯巴达之间的对抗。

斯巴达在战争中占据了上风，使得越来越多原本隶属敌方阵营的城邦加入同盟。令人意外的是，阿拉托斯转而向宿敌马其顿求助。此时，马其顿由德米特里二世的兄弟安提柯三世（Antigone Ⅲ Doson）统治，而德米特里二世已于公元前 229 年在王国北部与达达尼昂人（Dardaniens）作战时阵亡。

安提柯三世的介入十分关键，结束了这场冲突。公元前222年，马其顿国王安提柯三世在塞拉西亚（Sellasia）战役中取得了决定性的胜利，他战胜了遭受重创的斯巴达人。这场失败使得希腊再次臣服于马其顿的安提柯王朝。然而，安提柯三世的胜利是短暂的，他于次年在北方的伊利里亚部落作战时被杀死。

公元前221年，安提柯三世的侄子、德米特里二世之子腓力五世（Philippe V）登上王位，时年仅17岁。腓力五世不得不面对威胁王国的严重危险，尽管他很年轻，却已经具备了战略家和外交家的惊人素质。腓力五世派人毒杀了对于安提柯王朝而言是永久风险的阿拉托斯，恢复了古老的科林斯同盟，以对抗亚该亚和埃托利亚等联盟。

科林斯的阿波罗神庙

同盟者战争期间，马其顿的腓力五世恢复了一个多世纪以前由腓力二世和亚历山大大帝（腓力五世因其勇气与勇敢而被与之做比较）创立的同盟——科林斯同盟。

公元前 3 世纪—公元前 2 世纪的塞琉古王朝国王
公元前305年—公元前281年
塞琉古一世（胜利者）
公元前281年—公元前261年
安条克一世（救主）
公元前261年—公元前246年
安条克二世（神）
公元前246年—公元前225年
塞琉古二世（凯旋者）
公元前225年—公元前223年
塞琉古三世（救主）
公元前223年—公元前187年
安条克三世（安条克大帝）
公元前187年—公元前175年
塞琉古四世（笃爱父亲者）
公元前175年—公元前164年
安条克四世（神显者）
公元前164年—公元前162年
安条克五世（富贵者）
公元前162年—公元前150年
德米特里一世（救主）
公元前150年—公元前145年
亚历山大·巴拉斯（Alexandre Balas）
公元前145年—公元前138年
德米特里二世（胜利者）
公元前145年—公元前140年
安条克六世（神显者）
公元前138年—公元前129年
安条克七世（施惠者）
公元前129年—公元前126年
德米特里二世[11]（胜利者）
公元前126年—公元前125年
塞琉古五世（笃爱母亲者）
公元前125年—公元前96年
安条克八世（鹰钩鼻）
公元前114年—公元前96年
安条克九世（敬神者）

公元前 220 年—公元前 217 年，在结束了同盟者战争的对抗之后，腓力五世使反对马其顿的希腊人屈服了。腓力五世恢复了在希腊的权威，试图扩大王国的疆域，并首先入侵了伊利里亚。在公元前216 年和公元前 214 年经过几次徒劳无益的战争后，腓力五世于公元前 212 年围困并攻下了亚得里亚海沿岸城市里索斯（Lissos），由此引发了地中海沿岸新崛起的罗马的震怒，而罗马在该地区有着重要的盟友。

对于罗马而言，这并非第一次警示。实际上，马其顿国王与迦太基的汉尼拔·巴尔卡（Hannibal

[11] 第二次统治。——译者注

Barca）结盟，而后者曾于公元前215年第二次布匿战争初期入侵意大利。在罗马看来，这个联盟必须接受惩罚。公元前202年，罗马将军"阿非利加征服者"西庇阿（Scipion）在扎马（Zama）战役中击败汉尼拔，随后进攻马其顿。

罗马与马其顿的战争始于公元前214年，一直持续到公元前168年第三次马其顿战争中关键性的皮德纳（Pydna）战役。战争以希腊屈服于罗马元老院和罗马人民而告终，马其顿沦为罗马的一个行省，而它的君主制不可避免地被罗马在地中海的急剧扩张所摧毁。

安条克一世（救主）

安条克一世与继母斯特拉托尼斯——安提柯二世的妹妹的婚姻，促进了塞琉古王朝与安提柯家族的友好氛围。

插图 《安条克一世与斯特拉托尼斯》（*Antiochus et Stratonice*），威尼斯画家弗朗西斯科·丰特巴索（Francesco Fontebasso）的油画作品。现藏于考纳斯（Kaunas）国家艺术博物馆。

塞琉古帝国

如同安提柯王朝在希腊的统治一样，塞琉古王朝在东方的统治也持续处于动荡中。塞琉古王朝虽然没有受到来自希腊城邦独立和自治要求的威胁，但是不断的冲突也让其统治持续处于危险之中。

公元前281年，塞琉古王朝奠基人塞琉古一世被托勒密·克劳诺斯暗杀，王位由曾与他共治的儿子安条克一世继承。在塞琉古一世统治的最后几年里，他与其子安条克一世分享了统治权。塞琉古一世的死亡引起塞琉古王朝内一些地区的动乱，迫使安条克一世迅速采取行动。尽管缺乏安条克一世统治初期的史料，似乎新国王并未遭遇太大的困难便恢复了对这些地区的统治。

这些早期行动或许是为了提醒臣民，虽然权力易手，但王朝依然存在。不过，在众多尝试起义的城邦中，叙利亚是最活跃的，这些叛军很可能受到了埃及的托勒密二世外交手腕的煽动。托勒密王朝对位于其王国边境的这片地区有着强烈兴趣。为了控制该地区，双方展开了激烈的战斗。

公元前274年，港口城市皮埃里亚的塞琉西亚（Séleucie de Piérie）爆发了一场起义，该城与阿帕米亚（Apamée）、叙利亚的劳迪西亚（Laodicée）和安条克（Antioche）组成了特特拉波（Trétrapole，塞琉四城）。这场冲突引发了安条克一世与托勒密二世的对立，并开启了第一次叙利亚战争。战争造成塞琉古王朝与托勒密王朝长达一个世纪的对立，削弱了他们的实力，导致后来被罗马和帕提亚所摧毁。

在第一次叙利亚战争中（公元前274年—公元前271年），由于加拉太人的入侵——安条克一世不得不将其击退——和托勒密二世杰出的军事才能，安条克一世的处境十分棘手。托勒密二世征服了安纳托利亚和卡里亚南部的几个地区，以及处于冲突中心的叙利亚的领土。

公元前261年，安条克一世死后，其子安条克二世继承了王位，而他的哥哥——长子塞琉古（Séleucos，与塞琉古一世同名，安条克一世之子）因被怀疑叛国遭处死。为了保证帝国的延续性，安条克二世曾与其父安条克一世共同统治。自统治之初，安条克二世就不得不应对托勒密王朝的野心。因此，安条克二世与马其顿国王安提柯二世签署条约，两国君主联合将托勒密二世驱逐出其海外属地，粉碎了其在地中海东部日益增长的影响力。

这是第二次叙利亚战争（公元前 260 年—公元前 253 年）的开始。战争期间，安提柯二世在科斯岛战役（公元前 256 年）对埃及舰队的作战中大获全胜，导致托勒密二世的海上势力被永久削弱了。安提柯二世也展开了针对埃及的陆地作战，在小亚细亚的胜利让他得以重新统治诸如艾菲索斯（Éphèse）和米利都（Milet）等重要城市。

托勒密二世别无选择，只能谈判。谈判的结果是托勒密二世之女贝伦尼斯·西拉（Bérénice Syra）与安条克二世联姻，后者离弃了第一任王后劳迪西亚（Laodicé），而新娘的陪嫁包含一些有争议的领土。但是，通过安条克二世与贝伦尼斯·西拉的婚姻巩固的塞琉古-托勒密联盟，潜藏着严重的继承权问题。

这一风险后来不幸成为现实，并引发了第三次叙利亚战争。安条克二世离世后，贝伦尼斯·西拉——托勒密王朝的公主、塞琉古王朝的王后，声称国王去世前已指定其子塞琉古（Séleucos，与塞琉古一世同名，安条克二世之子）为合法继承人。随后，贝伦尼斯·西拉与儿子被前国王的长子、第一任王后劳迪西亚所生的塞琉古二世（Séleucos II Kallinikos）的支持者刺杀。为了替姐姐复仇，埃及国王托勒密三世（Ptolémée III Évergète）再次侵略叙利亚（公元前 246 年），并杀死了劳迪西亚。

塞琉古二世试图加强自己的权威，却遭遇了被他任命为共同执政者的兄弟安条克·希拉克斯（Antiochos Hiérax）的挑战。两兄弟之间的冲突成就了塞琉古王朝境内一股新势力的崛起，那就是帕加马王国（Pergame）。公元前 227 年，在打败安条克·希拉克斯后，帕加马王国控制了小亚细亚的大部分地区。此外，塞琉古二世未能击退所有威胁王国的危险。为了对抗在领土东北部不断扩张的帕提亚（公元前 237 年—公元前 230 年），以及维护王国在东方的属地，塞琉古二世不得不付出巨大的努力。

此外，继承问题也越来越严峻。公元前 225 年，塞琉古二世早逝后，由塞琉古三世（Séleucos III Sôter Kéraunos）继承王位。塞琉古三世试图收复被帕加马国

安条克三世：传奇君主的悲惨结局

在兄长塞琉古三世被暗杀后，安条克三世（安条克大帝，公元前 223 年—公元前 187 年在位）登上王位。安条克三世继承了一个被托勒密三世蹂躏过的王国，托勒密三世的军队在其父塞琉古二世在位时曾洗劫过叙利亚和美索不达米亚。于是，安条克三世发动了收复失地的最后一场战役。

公元前223年，安条克三世成为国王。为了夺回王国的旧属地，安条克三世付出了巨大的军事代价。其中，最近失去的巴勒斯坦和叙利亚被托勒密三世的军队占领，安纳托利亚的一些省份被帕加马国王占据，希腊人和帕提亚人则占领了其他一些地区，并建立了两个独立王国。安条克三世几乎与马其顿的腓力五世（他未来对抗罗马的盟友）和未来最大的敌人托勒密四世同时登上王位。安条克三世首先在帕提亚发动战争，然后又对埃及发动战争——若要重新控制西顿和巴勒斯坦，就需要取得军事上的胜利。安条克三世战胜了托勒密四世，但是他的胜利是短暂的，因为罗马元老院决定从安条克三世和腓力五世开始消灭继业者的后裔们。安条克三世在抗击罗马的战役中失败，失去了王权。三年后，安条克三世在埃克巴坦那被杀，而根据一则与安条克三世死亡相关的传说记载，"当时他准备洗劫一座寺庙"。

插图 安条克三世的罗马大理石半身像，现藏于巴黎卢浮宫。

阿佛洛狄忒、潘与爱神（第185页）

这组大理石雕像约为公元前 100 年所作，1904 年被发现于提洛岛上的贝鲁特波塞冬之家，现藏于雅典国立考古博物馆。这组雕塑属于希腊雕塑第四时期的作品，即从亚历山大之死至希腊被罗马征服这段时间。

王阿塔罗斯一世（Attale Ier）征服的土地，但不久就被暗杀。

正当塞琉古帝国面临其短暂历史中最严峻的考验时，一位堪称传奇的人物出现了，他就是塞琉古三世的弟弟安条克三世大帝（Antiochos III le Grand）。塞琉古三世于公元前 223 年被刺杀后，安条克三世登上了王位，恢复了王朝的荣耀和权力。劳迪西亚的兄弟阿凯奥斯（Achaios）曾被军队拥立为王，但他自愿放弃王位，转而支持安条克三世。次年，帝国东部行省总督莫伦（Molon）起义，入侵了王国的西部，但后来被击败。

由于被诬陷叛国，阿凯奥斯在小亚细亚自立为王。在长期抗争后，阿凯奥斯于公元前213年被抓获，并被处以桩刑——这是专门针对皇族叛徒的惩罚。

安条克三世渴望找回王国的辉煌，他尝试收复叙利亚属地，削弱托勒密王朝的势力。事实上，形势对安条克三世是有利的，因为埃及新任国王托勒密四世（Ptolémée Ⅳ Philopator）正面临严重的国内危机和宫廷阴谋。第四次叙利亚战争（公元前219年—公元前217年）期间，安条克三世控制了边境领土，但是在拉菲亚（Raphia）战役中兵败于西奈山（Sinaï）附近。随即，托勒密四世收复了叙利亚南部。

势力日益扩大的罗马

尽管战败了，安条克三世还是收回了皮埃里亚的塞琉西亚和王国的古都安条克，以及以色列和腓尼基的军事据点。摆脱了叙利亚和小亚细亚战线后，安条克三世的注意力转向东部领土。公元前209年，为了重新确立帝国边界，安条克三世展开了对帕提亚的军事行动。然后，安条克三世继续向东推进，取缔了巴克特里亚（Bactriane）的篡位者欧西德莫斯一世（Euthydème）。但是，安条克三世不得不认可欧西德莫斯一世作为国王，或许以此交换其确保王国最东方边界的安全。最后，安条克三世通过与印度国王重新建立联盟，确保了他在该地区的影响。由于安条克三世的功绩，他收获了"伟大"（Mégas）的称号，并被与亚历山大大帝相提并论。

公元前202年，安条克三世与托勒密王朝再起冲突，导致第五次叙利亚战争爆发。这次战争起因于托勒密四世死亡时，继承人托勒密五世（Ptolémée Ⅴ Épiphane）还未成年。与马其顿的腓力五世结盟后，安条克三世试图重新征服埃及边境的叙利亚领土，并成功占领了加沙（Gaza）和西顿（Sidon）。但是，罗马扰乱了安条克三世的计划，他们担心安条克三世对埃及的入侵会带来粮食供应方面的风险。于是，罗马元老院派遣使节劝说腓力五世和安条克三世放弃进攻，他们毫无异议地接受了。

然而，罗马施加的压力并未阻碍安条克三世继续收复王朝的旧属地。安条克三世为了重新夺回被托勒密王朝控制的最后几个防御据点，把兵力部署在了小亚细亚。最终，安条克三世与罗马日益壮大的势力还是起了冲突。士麦那（Smyrne）与兰普萨库斯（Lampsaque）这两座与罗马结盟的城市向元老院请求援助，而安条克三世继续向色雷斯推进，或许此举是为了侵犯希腊。但是，显而易见，这是对罗马的挑战。为了支持这一行动，安条克三世决定迎来罗马最害怕的敌人——迦太基人汉尼拔，并任命其为军事顾问。

公元前 192 年，安条克三世入侵希腊，但于公元前 191 年被罗马军队拖在了温泉关（Thermopyles）；公元前 190 年，安条克三世在马格尼西亚（Magnésie）战役中被击溃。这次战败标志着塞琉古王朝的衰落，从此罗马人的势力得以在其领土上毫无阻碍地推进。

埃及的托勒密王朝

整个希腊化时期，埃及托勒密王朝都保持着辉煌的文明。托勒密王朝成为希腊文化和当地文化融合的典范，尽管两族人民的地位并不平等：希腊人是社会、政治和文化精英，埃及人大多十分顺从且从事农业生产。

事实上，埃及是名副其实的地中海粮仓，特别是对雅典和罗马而言，其组织形式与私人庄园类似。国王是领地（la chôra）的主人，并从中大量获利以资助军队和亚历山大城的文化与宗教

克利奥帕特拉七世

在亚历山大帝国解体所产生的王国中，托勒密的后代统治的埃及是存在时间最长久的一个——持续了将近三个世纪，甚至与新兴的霸权国家罗马共存。

插图 公元前 51 年左右的一座法尤姆石碑，刻画了克利奥帕特拉七世向伊西斯女神献祭的场面。现藏于巴黎卢浮宫。

活动。

农业生产被中央政权垄断，特别是小麦与谷物。在王国财务官的管理下，农业生产根据国家的需要对其进行严格规划。比如，我们通过一长卷莎草纸（papyrus）史料发现，垄断食用油的组织利用油料作物榨油。从播种的土地面积到出售价格，每个步骤都有明确的规定，其中价格由财务官决定。这种经营方式之所以能够持久存在，因为王室作为法老的延续，其权威由财务官掌控和传达。

因此，托勒密王朝是所有从亚历山大帝国分解出来的王国中统治最长久的一个，一直延续到罗马崛起。作为托勒密王朝源自马其顿的最后一位代表，克利奥帕特拉七世（Cléopâtre Ⅶ）先后成为恺撒和马克·安东尼的盟友和情人。公元前30年，克利奥帕特拉七世死于亚克兴海战失败后不久。在这场战役中，克利奥帕特拉七世与马克·安东尼结盟对抗屋大维（Octave）。

托勒密王朝政治模式的成功，在于拥有严格的组织体系服务于管理和集权化的经济。国家实行严格的行政管控，关注王国利益，而君主制直接受益于这种体制。这种集权模式与塞琉古模式截然不同——在塞琉古模式下，总督在中央和地区的关系中发挥着更为重要的作用；从长远来看，这导致了这些地区的独立，致使塞琉古帝国衰落。

此外，托勒密王朝的领土与埃及的自然边界完美匹配，形成了天然的防线以抵御可怕的邻国，诸如塞琉古帝国。托勒密王朝虽然维护了领土的完整性，对外却实施了侵略政策以满足其殖民需要，并积极干预敌对希腊化国家的内部事务。托勒密王朝奉行的干预政策始终如一，这也是造成冲突不断的主要原因。

托勒密王朝强大的经济资源支持其奉行侵略政策。因此，托勒密王朝对希腊城市采取友好和资助政策，以便赢得舆论青睐，从而利用这一优势在国际舞台上打击对手。自托勒密一世的统治开始，王朝在希腊和爱琴海诸岛屿的利益，决定了王国在对抗马其顿王国的安提柯王朝中使用的战略。

随着时间的推移，特别在精明的托勒密二世执政期间，开始经常使用这种手段，影响托勒密王朝与希腊社会的关系。这种干涉其他希腊化王国内政的意愿，也体现在王国联盟的传统上，同时也造成了不断的冲突。托勒密王朝试图利用争端远程控

制敌人，支持篡位者，鼓励觊觎王位之人，总之就是不遗余力地在邻国煽动内乱。对托勒密王朝而言，削弱对手，甚至削弱王国中心，是重要的对外战略。

我们对这一时期的托勒密王朝的政治和经济体制或许较为熟悉，但是其他希腊化王国的社会现实依然难以勾勒，这是因为我们所依赖的史料聚焦于战争与王朝更替。然而，可以肯定的是，这一时期持续了两个多世纪，直到被罗马征服以前，见证了希腊文化在地中海东部和亚洲最广泛的传播。特别是，在着迷于希腊精英文化模式的罗马征服者眼中，希腊化世界的某种统一性出现了。

最后的女王

克利奥帕特拉七世（公元前 51 年—公元前 30 年在位）是最后一位马其顿血统的埃及女王，也是托勒密王朝的创始人、亚历山大大帝的前将军托勒密一世的最后一位后裔。

插图 公元前 1 世纪托勒密王朝时期的浅浮雕细节，现为私人收藏。

塞尔苏斯图书馆

希腊化时期及其文化概念，对随后的几个世纪产生了十分深刻的影响。公元 2 世纪以弗所（Éphèse）的塞尔苏斯（Celsus）图书馆遗址。

插图（右侧） 约公元前 175 年法尔内塞的红玉髓杯上的寓意画，象征尼罗河的肥沃。现藏于那不勒斯国家考古博物馆。

新兴王国

希腊化时代初期，地中海东部的大国间实现了权力的平衡。然而，他们之间常年的战争促使新势力出现，威胁到了希腊化王国的稳定。随后，罗马以不可阻挡之势崛起，令地中海王国臣服于其权威之下。

安条克三世最后几年的统治，抹杀了他之前取得的全部胜利。公元前 188 年，安条克三世与罗马签署《阿帕米亚和平协定》（la paix d'Apamée），更是将他的统治范围缩小至只剩叙利亚和巴勒斯坦。安条克三世还保留了从托勒密王朝手中夺取的叙利亚南部的土地，但是由于战败不得不支付巨额赔付，尽管其领土仍然坐拥巨额财富，塞琉古王朝依然走向了毁灭。

为了支付罗马的赔款，安条克三世在埃克巴坦那试图征税时被暗杀（另一种说法是，他当时是想洗劫一座寺庙）。其子塞琉古四世（Séleucos Ⅳ Philopator,

"笃爱父亲者")继承了王位（公元前 187 年—公元前 175 年在位），他的统治因
《阿帕米亚和平协定》的压迫性条款而受到阻碍。塞琉古四世也死于暗杀，他的兄
弟、曾在罗马做人质以确保塞琉古王朝服从罗马统治的安条克四世（Antiochos IV
Épiphane）继承了王位。由于托勒密王朝威胁到叙利亚和巴勒斯坦边界，安条克
四世不得不再次对其开战。

在埃及，托勒密五世（神显者）去世后，由于继承人还是儿童，由王后克利
奥帕特拉一世（Cléopâtre Ier Syra）担任摄政。克利奥帕特拉一世是安条克三世
之女，由于这层亲属关系，在她统治期间埃及与塞琉古建立了更友好的关系。但
是，当克利奥帕特拉一世于公元前 175 年去世后，年幼的王子们受到大臣欧拉乌斯
（Eulaeus）和莱纳乌斯（Lenaeus）的监护，这两个无耻的宦官煽动了重新征服
叙利亚和巴勒斯坦的战争。这就是第六次叙利亚战争（公元前 170 年—公元前 168
年），也是塞琉古王朝与罗马关系恶化的源头。

尽管由摄政统治下的托勒密王朝很虚弱，并面临内部危机，埃及军队还是收到
了入侵巴勒斯坦的命令。此举对安条克四世而言无疑是严重的冒犯，但是他在罗马
做人质时就了解到在地中海东部随心所欲是件很危险的事，因此他决定派出密使向
罗马请求支援，以终结托勒密王朝的入侵。

埃及方面也向与其关系良好的罗马派出了使节，希望得到罗马的支持。但是，
罗马共和国和塞琉古王朝的关系则不同，自从安条克三世以来两国关系就恶化了。
不过，罗马当时在希腊忙于第三次马其顿战争，并未介入这场冲突。

安条克四世认为罗马的沉默对自己有利，具备优秀军事素质的塞琉古国王粉碎
了托勒密王朝的进攻。安条克四世越过埃及边境，把部队推进到尼罗河畔，继而控
制了王国。年幼的国王托勒密六世（Ptolémée VI Philométor）接受了和平协定，
该协定虽然保留了托勒密王朝，但也让埃及成为塞琉古王朝的藩属。

然而，托勒密六世被他的兄弟们罢黜了，安条克四世也因国内面临的困难
放弃了在埃及的战斗。第二年，当安条克四世想恢复权力时，不幸的意外却等待
着他。与此同时，罗马打败并囚禁了马其顿安提柯王朝的最后一位国王珀尔修斯
（Persée），阻碍了塞琉古王朝的扩张道路。罗马担心塞琉古王朝会利用在埃及的胜

托勒密六世：在罗马政权保护下昙花一现的统治

托勒密六世（爱母者）登基时，恰逢罗马共和国的军队正在亚洲和地中海的塞琉古王朝领土上推进。日益强大的罗马在亚历山大里亚阻止了安条克四世的进攻，并保护法老不受他的兄弟们的伤害。

内婚是托勒密王朝家族内部的常见做法。作为伊西斯和奥西里斯神在人间的化身，法老与兄弟姐妹结合。克利奥帕特拉二世、托勒密八世（"胖子"［le Bouffi］）与托勒密六世（爱母者）各自登上王位，由兄弟姐妹组成的"三元共治"统治埃及。但是，托勒密六世是唯一得到罗马元老院认可的合法君主，以实施统治和指挥军队。尽管这会让托勒密八世和克利奥帕特拉二世不满，但罗马无疑更偏爱托勒密六世，因为他对罗马抱有类似对母亲的依恋。与此同时，罗马兵团监视着安条克四世的继承者。由于托勒密六世煽动叛乱并为篡位者提供武器，同时也扩大了他自己的海上实力，塞琉古王朝未能恢复对耶路撒冷和巴勒斯坦的统治。自公元前180年成为埃及国王以来，托勒密六世在罗马的默许下以远超其军事才能的过人胆识，并率领军队夺回了曾被安条克四世征服的土地。公元前145年，托勒密六世支持塞琉古王国的亚历山大·巴拉斯（Alexandre Balas）对国王德米特里二世（Démétrios Ⅱ）作战，但后者在这场战争中获胜，而亚历山大·巴拉斯和托勒密六世则被杀。克利奥帕特拉二世既是死去国王的妹妹和遗孀，也是埃及的女王，她急忙让其子托勒密七世加冕。但是，托勒密八世返回王宫杀死了少年法老托勒密七世，并与少年法老的母亲，也就是自己的姐姐克利奥帕特拉二世结婚。因此，这位充满活力的女神克利奥帕特拉二世第二次成为女王。

插图　托勒密六世花岗岩希腊化半身像埃及复制品，约公元前180年—公元前145年。现藏于亚历山大希腊–罗马博物馆。

利重建在东方的势力，从而破坏该地区的权力平衡。

安条克四世被罗马的最后通牒说服放弃了他的计划，任凭罗马共和国成为埃及真正的主人。托勒密王朝的国王虽然身居王位，但是罗马实施干预后，实际控制了整个王国。然而，安条克四世的危机并没有结束，第六次叙利亚战争后出现了一个新的威胁——犹太人暴动。

希腊化时期，犹太人的城邦位于叙利亚和巴勒斯坦南部的富饶领土，处于塞琉古王朝和托勒密王朝暴力争夺的中心。尽管战争气氛凝重，局势极不稳定，希腊化国家的君主如同此前的波斯统治者那样尊重犹太文化的传统和特质，甚至给予犹太民众一定程度上的独立。然而，与希腊文

化的长期接触造成一部分上层犹太人希腊化，从而与下层人民产生了隔阂；下层人民更重视传统，与希腊人并不亲近。这种情况本来并不严重，直到一场冲突让犹太人分裂得更加厉害。

第六次叙利亚战争末期，希腊化的犹太人耶逊（Jason）成为神庙的大祭司。在安条克四世的支持下，耶逊实施了一系列改革，试图将耶路撒冷转变为类似亚历山大城、帕加马或安条克那样的希腊化大都市。但是，这些措施的成本导致税收负担加重。几年后，当梅内劳斯（Ménélas）取代耶逊成为大祭司时压力变得更大了，他推行了强化希腊化的政策。

《阿帕米亚和平协定》

罗马和安条克大帝（安条克三世）在阿帕米亚签订的条约吹响了塞琉古帝国衰落的号角。罗马共和国占领了重要的领土，并且强制征收苛捐杂税，摧毁了塞琉古王朝。

插图 阿帕米亚的卡多·马克西姆斯（Cardo Maximus）柱廊。

195

提高税收和传统犹太人对希腊化美学和生活方式的敌意助长了不满情绪，继而激起了民众的起义。这场运动来势凶猛，震惊了安条克四世，并被其粗暴地镇压了。公元前168年，征服埃及的尝试失败后，返回的安条克四世围攻了耶路撒冷，制服了这座反叛的城市并毫不留情地洗劫了它。犹太人的崇拜被禁止，寺庙被亵渎和掠夺，并被献给了巴尔（Baal）崇拜。

暴力镇压进一步激化了矛盾，最终转变为犹太人捍卫独立的战斗。公元前164年，在犹大·马加比（Judas Maccabée）的带领下，叛军战胜了塞琉古王朝的军队，恢复了耶路撒冷寺庙内对耶和华（Yahvé）的崇拜。

塞琉古王朝最后的几位君主

当内部冲突不断加剧（如犹太和帕提亚），安条克四世准备征讨犹太时，他突然于公元前164年离奇死亡了。安条克四世的儿子、继承者安条克五世（Antiochos V Eupator）被堂兄德米特里一世（Démétrios Ier Sôter，与"攻城者"德米特里一世同名）废黜，后者是塞琉古四世之子。德米特里一世曾作为人质被扣留在罗马，他逃出后聚集了支持者，并最终登上了王座。在德米特里一世统治期间，塞琉古王朝的弱点显露无遗。最终，德米特里一世希冀恢复王朝威严的愿望徒劳无功，他试图令耶路撒冷臣服，但以失败告终，而他好战的姿态却引起了邻国的敌意。德米特里一世被亚历山大·巴拉斯（Alexandre Balas）所杀，篡位者宣称自己是安条克四世的合法继承人，并且自立为王。

一场新的王朝斗争揭开了序幕，德米特里一世之子德米特里二世（Démétrios II Nikator，胜利者）在托勒密六世的支持下，与亚历山大·巴拉斯展开对决。公元前145年，亚历山大·巴拉斯死于奥诺帕拉斯河（Oinoparas）战役。但是，塞琉古王朝依然受到威胁。

德米特里二世被帕提亚人俘虏，他的兄弟安条克七世（Antiochos VII Évergète）随即登上王位，并且不得不同时与篡位的狄奥多特·特里丰（Diodote Tryphon）、反叛的犹太以及骇人的帕提亚人作战。为了在两兄弟间挑起争端，帕提亚人释放了德米特里二世。但是，安条克七世在战斗中被杀，德米特里二世返回王国

继续统治。然而，新的篡位者亚历山大·扎比-纳斯（Alexandre Zabi-nas）——据说是亚历山大·巴拉斯之子——在托勒密六世的支持下向处境不稳的王朝发起挑战，这次冲突导致德米特里二世于公元前 126 年死去。

在塞琉古王朝的最后几年，继承人之间不断上演争权夺势的戏码，而强大的邻国利用了王国内的混乱局势夺取了部分领土。庞培的行动吹响了塞琉古帝国灭亡的号角，最终塞琉古帝国沦为马其顿后裔对广表王国的苍白记忆。公元前 64 年，这位罗马将军庞培正式宣布塞琉古王朝统治终结。

希腊文化

公元前 2 世纪杜拉-欧罗普斯（位于幼发拉底河畔今叙利亚东南端）的石碑浅浮雕，描绘了阿尔忒弥斯崇拜。作为塞琉古帝国的主要城市之一，希腊化时期的影响在杜拉-欧罗普斯被罗马征服后依然存在。现藏于大马士革国家博物馆。

帕加马王国

小亚细亚的帕加马王国被认为是希腊化时期的主要参与者。尽管帕加马王国一再被卷入占主导地位的政治势力的阴谋和冲突中，帕加马的君主们也懂得如何保持独立性。他们凭借卓越的政治智慧，将自己的城堡变成一个小王国，对希腊化的艺术和文化发挥了重要的影响。

在亚历山大时代，帕加马的城堡更像一座军事堡垒，旨在控制小亚细亚的通道区域。马其顿将军和继业者利西马科斯曾于公元前282年将大批财宝藏在这里，由深得他信任的军官菲莱泰罗斯（Philétaïros）负责看守，而这名出身马其顿的卑微人物非常懂得审时度势。

在继业者们为分割亚历山大帝国而战斗时，菲莱泰罗斯决定加入塞琉古一世的阵营，以对抗利西马科斯。利西马科斯死后不久，塞琉古一世也被托勒密·克劳诺斯杀死，菲莱泰罗斯则利用混乱的局势宣称自己为帕加马的总督。菲莱泰罗斯宣布从塞琉古王朝独立出来，即使没有得到正式承认，但其独立已成为事实。为了给亡者一个体面的葬礼，菲莱泰罗斯曾细心地将塞琉古一世的遗体送还给其继承人安条克一世。

加拉太人对小亚细亚的入侵，让菲莱泰罗斯得以巩固其领地的主权。当安条克一世在帝国边境与这支出身凯尔特人的安纳托利亚部落作战时，菲莱泰罗斯向他伸出了援手，并在帕加马的领土上与入侵者对抗。菲莱泰罗斯与他的最初几位继承人都没有宣布自己是国王，或许是因为他们有志于捍卫自由和自治的希腊理想，不想与其他希腊王国的领袖混为一谈。菲莱泰罗斯是一名宦官，没有后代这一事实显然限制了他建立王朝的念头，因此他的决定也并不令人感到意外。

菲莱泰罗斯于公元前263年去世，他的侄子欧迈尼斯一世继位领主。此前，菲莱泰罗斯曾与欧迈尼斯一世联合统治，并收其为养子。欧迈尼斯一世也没有宣布自己是帕加马的国王，尽管事实上他无疑是这片领土的领主。或许，在托勒密二世的支持下，帕加马的独立得到了承认。尽管如此，我们无从得知欧迈尼斯一世与塞琉古帝国决裂的缘由，而菲莱泰罗斯曾将后者视为盟友。安条克一世曾试图降服帕加马，但是公元前261年发生于古城萨第斯附近的一场关键性战役扭转了战局，形势

转而对欧迈尼斯一世有利。

塞琉古王朝领土的首次分离对希腊化世界，特别是小亚细亚地区产生了严重的后果。帕加马在相邻的几座城市成功地扩大了影响力，并夺取了伊莱亚港（Elaia），从而拥有了属于自己的舰队。欧迈尼斯一世在政治和军事上的成功，激励他的继任者阿塔罗斯一世继续他的事业。阿塔罗斯一世的统治始于公元前 241 年，是帕加马历史上的一个转折点。

阿塔罗斯一世采取激进的措施，拒绝缴纳前帕加马领主们为保护城市安全而向加拉太人承诺的贡品。随后，爆发了一场冲突，阿塔罗斯一世攻占了米西亚（Mysie）。最终，阿塔罗斯一世获得了国王的头衔，成为帕加马历史上

帕加马遗址

帕加马原本是控制着重要交通路线的防御性城堡，在阿塔罗斯一世国王的统治下成为对希腊艺术和文化传播贡献最大的一个王国。

插图　图拉真神庙遗址，建立在古希腊建筑基础上。

帕加马的阿塔罗斯一世：希腊化君主的典范

身为继业者战争中最早被打败的人之一的欧迈尼斯的后代，阿塔罗斯一世登上帕加马王位时拒绝缴纳加拉太人要求的赋税，这违背了前任欧迈尼斯一世（Eumène Ier）的承诺，激起了"蛮族"人的愤怒。但是，阿塔罗斯一世最终获胜，并将战利品献给雅典娜女神。

希腊化君主通过向皇室增添胜利、神明或其祖先的象征来美化自己的形象。在阿塔罗斯一世铸造的货币上，他将自己描绘为长着狄俄尼索斯的角；他打败加拉太人时获得了潘的角，因为他声称自己曾与潘神战斗过。同时，阿塔罗斯一世的王后阿波龙尼斯（Apollonis）也是对神明、祖先和孩子奉献的典范。作为赞助人，国王夫妇把诗人、哲学家和艺术家邀请到帕加马王宫，他们的图书馆采用羊皮纸——一种使用产地城市命名的书写载体。当阿塔罗斯一世去雅典寻求武装支持以对抗马其顿的腓力五世时，雅典人创建了阿塔利德（Attalides）兄弟会，并将阿塔罗斯一世增列到城邦的神殿。然后，他们派遣使者到罗马，请求武力支援对抗马其顿。由此，阿塔罗斯一世成为罗马的忠诚盟友。阿塔罗斯一世死于脑梗，而当时他在底比斯主持埃托利亚同盟领导人会议。

插图 来自帕加马卫城的阿塔罗斯一世大理石半身像，现藏于柏林帕加马博物馆。

垂死的高卢人（第201页）

希腊化时期，凯尔特人中的加拉太人在小亚细亚扮演了重要角色。他们被帕加马的阿塔罗斯一世打败的事迹通过古代最著名的一组雕塑体现出来，下页的雕塑是这组雕塑的一部分。现藏于罗马卡皮托林（Capitolins）博物馆。

的第一位国王。阿塔罗斯一世向希腊化强国们展示了自己的军事实力，足以同加拉太人这种可怕的敌人相抗衡，因此此刻的形势对他有利。

但是，军事冲突仍在继续。阿塔罗斯一世不得不面对加拉太人的盟友安条克·希拉克斯的雇佣军，这位帕加马国王再次取得了胜利，并吞并了新的领土。另外，阿塔罗斯一世先后击退了塞琉古帝国君主塞琉古三世和帝国在小亚细亚的军事指挥阿凯奥斯的进攻。

通过反向联盟的手段，阿塔罗斯一世与继承了兄长塞琉古三世王位的安条克三世联手对付阿凯奥斯，而这项协议促成了塞琉古王朝君主第一次正式承认帕加马王国。但是，由于罗马在东方的利益扩张，这项协议无法续存下去。阿塔罗斯一世长期在位，在第一次马其顿战争中首次支持罗马，并在第二次马其顿战争中发挥了关键作用。通过与强大的罗马共和国联盟，帕加马王国扩大了在希腊城邦的影响力，这其中也包括雅典——阿塔罗斯一世国王资助了城市建设的重大工程。

公元前 197 年，当阿塔罗斯一世去世时，他留下了一个独立而繁荣的王国，装饰艺术和建筑作品点缀其间。其子欧迈尼斯二世（Eumène Ⅱ）顺利继承王位，在雅典继续推行父亲阿塔罗斯一世的施恩政策，并在城邦间的冲突中扮演调停者的角色。但是，欧迈尼斯二世不得不对抗多方的威胁，如他父亲的昔日盟友安条克三世。在罗马军队的干预下，安条克三世于公元前 189 年在马格尼西亚战役中败给西庇阿（Sipyle）。从此，帕加马王国确立了罗马共和国主要盟友的身份，罗马的权威也日益加强。

在这个同盟的保护下，欧迈尼斯二世推行扩张政策，于公元前 197 年—公元前 183 年试图吞并比提尼亚（Bithynie）和加拉太等王国的部分领土。随后，欧迈尼斯二世对黑海南岸的本都（Pont）王国采取了一系列军事行动（公元前 183 年—公元前 179 年），并在罗马的外交斡旋下取得了胜利。

在第三次马其顿战争（公元前 171 年—公元前 168 年）中，欧迈尼斯二世支持罗马对抗马其顿的珀尔修斯国王，他是安提柯王朝的最后一任君主。然而，冲突结束后，该地区已完全落入罗马的掌控，元老院再也不需要帕加马王国的帮助了，因此两国的关系继而迅速恶化。罗马的政策转而有益于帕加马王国的邻国，如加拉太和比提尼亚，这不可避免地削弱了帕加马王国的势力。

尽管阿塔罗斯二世（Attale Ⅱ Philadelphe）于公元前 158 年即位，但帕加马王国的颓势也无可挽救。阿塔罗斯二世的侄子、继承人阿塔罗斯三世（Attale Ⅲ），出于不可知的原因将王国赠与罗马，条件是保证帕加马城的自治权。阿塔罗斯三世死于公元前 133 年，此后自称是其兄弟的阿里斯托尼克斯（Aristonicos）掀起叛乱。公元前 129 年，阿里斯托尼克斯被罗马军队打败并被处决。随后，罗马与本都王国和卡帕多西亚王国瓜分了帕加马王国仅剩的领土。

罗得岛：城市的巅峰

罗得岛的情况表明，尽管希腊化王国很强大，希腊城邦依旧是希腊化世界的活跃组成部分。与希腊大陆和小亚细亚的其他城邦不同，由于罗得岛是一座岛屿，它避免了被迫臣服的命运。

罗得岛的崛起始于伯罗奔尼撒战争末期，当时雅典在爱琴海的霸权已经瓦解。岛上的三个城邦林多斯（Lindos）、卡米洛斯（Camiros）和伊阿利索斯（Ialysos），通过联合（synoecisme）给予一个新的城市化中心——罗得。然而，该城商业化和国际化的迅速发展始于亚历山大里亚建立和帝国被瓜分之后。

公元前305年，罗得岛成功抵御了"攻城者"德米特里一世长达一年的围城，后者当时使用了强大的攻城器械，诸如攻城锤——将长达53米的横梁安装在车轮上并由上百人推动的器械，又或者活动攻城塔——亚历山大在攻打推罗城时曾使用过，是一种巨大的多层塔。

成功抵御"攻城者"德米特里一世的围攻后，罗得岛树立起了"世界七大奇迹"之一的巨像，保持了比任何其他希腊城邦更长久的完全独立。罗得岛的独立性还因与托勒密一世的长久联盟而得到保证，其港口对于埃及谷物在整个地中海盆地的再分配发挥着首要作用。罗得岛的港口由三个盆地和几座大型仓库组成，成为巨大的小麦市场，来自亚历山大城的多余的农产品就在这里进行交易。

因此，罗得岛对所有希腊化强国而言都不可缺少，这可以从一个特别事件得到证实。公元前227年，一场地震摧毁了城市、巨像和码头，来自整个希腊、西西里、亚细亚和埃及的捐赠资助了城市的重建。正如历史学家波利比乌斯总结的那样，"（对罗得岛人）而言，这场灾难是经济增长的一个原因"。（《历史》第5卷第88页）

与托勒密王朝的联盟，除了带来商贸利益之外，还让罗得岛得以在小亚细亚那片名为罗得岛的皮里亚（Pérée）的广阔土地实行统治。从那时起，这片土地的居民拥有了罗得岛公民的身份。皮里亚由卡里亚和吕基亚两个城邦组成，在盟友罗马于公元前188年战胜安条克三世并签署《阿帕米亚和平协定》之后，该城经历了最大限度的扩张。罗得岛从罗马那里接收了在卡里亚和吕基亚的新领土，然而它的统

希腊化君主的赞助

希腊化君主们对艺术的赞助不是为了获得赞美，而是出于对新文化和科技的重视。亚历山大博物馆和图书馆的建立就是最好的证明。

亚历山大里亚自创立起便是文学和科学之都，而雅典是哲学之都。王室新的生活方式和对艺术的浓厚兴趣提供了可供效仿的榜样，但是也仅限于宫廷。文学方面，这一时期以宫廷诗的诞生为标志，而这种诗歌体裁在中世纪时达到鼎盛。托勒密王朝的大图书馆激励所有对手城市展开赞助活动，譬如帕加马就试图建立一座类似亚历山大里亚的图书馆。同时，阿塔利德王朝将希腊城邦的艺术家和知识分子招至他们的宫廷。公元前2世纪初，欧迈尼斯二世赠给雅典一条柱廊（stoa）——带有新型拱门的巨大门廊。

插图 欧迈尼斯二世的柱廊，位于帕特农神庙下方，在狄俄尼索斯剧院和希罗德·阿提库斯（Hérode Atticus）竞技场之间。

克尼多斯的阿佛洛狄忒

比提尼亚第二代国王尼科美德一世（Nicomède Iᵉʳ）取消了克尼多斯（Cnide）的公债，以此交换雕塑家普利克西特列斯（Praxitèle）的作品，即著名的雕像克尼多斯的阿佛洛狄忒（Aphrodite）。

插图 罗马复制品，现藏于罗马国家博物馆阿尔滕普宫。

治并未持续很久。吕基亚的城邦联合起来抵抗罗得岛，直到公元前 168 年罗马将罗得岛的皮里亚占为己有，并使提洛岛（Délos）成为自由港，从而令罗得岛的商业优势化为乌有。

尽管我们对罗得岛的政治机能知之甚少，但它似乎拥有一些传统机构和一套相当温和的寡头政治（oligarchique）。可以肯定的是，罗得岛的财富来自贸易，而贸易也是城市发展的先锋。罗得岛制定了海事法，即《罗得海法》（Lex Rhodia），保证自由贸易，反对任何垄断意图。来自亚历山大里亚、昔兰尼和塞浦路斯（Chypre）的船只，将货物送往皮里亚、帕加马或以弗所（Ephèse），乃至叙利亚和腓尼基。罗得岛从这些港

口、商人和银行贸易中获得了可观的收入，跻身希腊化强国的行列。

罗得岛这座拥有 8 万人口的城市，因其商贸专业化而成为国际化都市。外国商人结成宗教善会以便维护他们的利益。如果说这座城市通过国际化获得了特有的希腊化特征，如同亚历山大里亚、安条克或帕加马等伟大的城市，那么罗得岛则是古典意义上的最后一座城邦（polis）。

希腊化时期，黑海沿岸、小亚细亚西北方出现了新的强国。其中，最强大的一个当属位于该地区西端的比提尼亚王国（Bithynie）。尽管亚历山大、利西马科斯和塞琉古都曾尝试征服比提尼亚，这个波斯帝国的附属国却能够在马其顿的政权下保持独立。

比提尼亚和本都王国

在继业者战争时期，芝普特斯一世（Zipoétès Ier，公元前327年—公元前280年在位）是一位引人注目的人物。芝普特斯一世是比提尼亚王国真正的缔造者，他的继任者尼科美德一世（Nicomède Ier，公元前280年—公元前255年在位）和基埃拉斯（Zélas，公元前255年—公元前228年在位）通过外交和军事策略保证对领土的统治。比提尼亚王国在当时的政治游戏中扮演了一个谨慎的角色，它支持加拉太人对小亚细亚的入侵，常常与托勒密王朝联盟，唯一的目的是保护自己不受危险的邻国塞琉古王朝的侵略，后者总是急于扩大其势力。凭借与托勒密王朝的友谊，比提尼亚王国让"好客海"（Pont-Euxin，黑海旧称）沿岸繁荣起来。

比提尼亚的国王们效仿其他强大的君主国，他们建立起一座座沿海城市，以便支持海上军事和商业扩张政策。尼科米底亚（Nicomédie，今伊兹米特 [Izmit]，位于马尔马拉海 [Marmara]）就是一个突出的例子。这座城由尼科美德一世建立于公元前264年，居住着来自希腊的人民；从某种意义上而言，它是希腊化大都市的复制品，就如同塞琉古王朝的安条克，或者托勒密王朝的亚历山大里亚。

比提尼亚的君主们试图把自己塑造成希腊人的保护者，他们效仿其他希腊化国王，甚至资助希腊城邦的公共工程和慈善行为。然而，尽管这个王国在希腊化的地中海地区十分重要，我们对它的了解却只局限于比提尼亚海岸——这里建立起一座座繁华的城市并且抵御住了岁月的流逝。

无论如何，比提尼亚在地缘政治中仅仅发挥了次要作用。在罗马与安条克三世的对抗战争中，普鲁西亚斯一世（Prusias Ier，公元前228年—公元前182年在位）选择了罗马阵营。但是，战争胜利后的领土分割对帕加马更为有利，比提尼亚感到受到了伤害（公元前188年的《阿帕米亚和平协定》）。出于对罗马的不满，普鲁西亚斯一世给逃亡中的迦太基将军汉尼拔提供庇护，但后来不得不交出汉尼拔，而迦太基将军选择了自杀。

比提尼亚只是短暂地享受了罗马与帕加马关系冷却带来的利益，因为该地区完全依赖于罗马的战略选择。然而，比提尼亚与帕加马的冲突在普鲁西亚斯二世

本都王国的米特里达梯六世：罗马的强敌

米特里达梯六世（Mithridate VI）为他的波斯血统感到自豪，在组织希腊人和亚细亚人对抗罗马方面起过重要作用——他的军队是抵抗苏拉（Sylla）和庞培（Pompée）军团的最后一道屏障。

米特里达梯六世继承父亲的本都王国王位时年仅20岁。公元前88年，在位于安纳托利亚西部针对罗马殖民地的一场屠杀中有10万公民丧生，这场屠杀掀起了第一次反抗罗马的米特里达梯战争。在第一次米特里达梯战争中，罗马执政官卢修斯·科内列乌斯·苏拉（Lucius Cornelius Sylla）虽然获胜，却无法消灭敌人。当罗马试图占领比提尼亚时，米特里达梯六世率领更强大的部队袭击了卢库鲁斯（Lucullus）的军团。公元前65年，在经过将近四分之一个世纪的斗争后，庞培在第三次米特里达梯战争中打败了米特里达梯六世。在其子法尔纳克二世（Pharnace II）的潘迪卡佩（Panticapée）宫廷避难时，米特里达梯六世被建议以自杀方式逃脱罗马的报复。传说，由于米特里达梯六世对毒药免疫，他不得不把身体撞向埋在墙壁里的剑锋来完成自杀。

插图 公元前1世纪安纳托利亚的米特里达梯六世青铜像。

长发 在希腊化世界中，长发是王室的象征，是英雄和诸神的特权，代表君主的力量和活力。相反，在罗马，伟大的军事家和政治家都是短发。

材料 与大理石一样，青铜虽然难以加工，却是希腊化艺术家们的首选材料。由于其不易破坏的特性，青铜被视作半贵重金属。

写实主义 到了希腊化时期，古典雕塑中理想化的人体逐渐让位于写实主义的外形和姿态。

（Prusias Ⅱ le Chasseur，公元前 182 年—公元前 149 年）在位时继续，他曾试图侵略邻国领土，但以失败告终。之后，尼科美德二世（Nicomède Ⅱ Épiphane，公元前 149 年—公元前 127 年在位）与罗马联合发动战争针对亚里斯托尼克斯（Aristonicos），后者宣布自己是帕加马的国王。

尼科美德四世（Nicomède Ⅳ Philopator，公元前 94 年—公元前 74 年在位）统治时，遭到了本都的米特里达梯六世（Mithridate Ⅵ du Pont，公元前 120 年—公元前 63 年在位）的入侵，彼时后者已成为对罗马具有威胁的敌人。罗马共和国与本都王国的米特里达梯战争（guerre mithridatique）开始，导致罗马军队在比提尼亚持续驻扎。公元前 74 年，恢复王位的尼科美德四世临终前指定罗马为王国的继承人，这成为第三次米特里达梯战争的借口。从此，独立的比提尼亚成为过去。

本都王国的历史与邻国比提尼亚极其相似。本都王国位于黑海南岸，是公元前 301 年塞琉古一世在伊普苏斯战役战胜安提柯一世后进行势力分割时诞生的政权。被废黜的波斯国王大流士三世的一位亲戚，在亚历山大去世后曾为安提柯效命，之后建立了自己的王国，尽管遭到塞琉古一世的反对，但他仍然以本都的米特里达梯一世（Mithridate Ⅰer du Pont）之名称王（公元前 302 年—公元前 266 年在位），外号"克提斯特斯"（Ctistès），意为建国者。为了防止遭受塞琉古一世可能的侵略，克提斯特斯与比提尼亚的赫拉克利亚城（Héraclée）结成防御联盟。

直到第五代国王法纳斯一世（Pharnace Ⅰer，公元前 183 年—公元前 170 年在位）上台前，本都的国王们似乎与强大的塞琉古帝国保持着友好关系。这位君主为王国的对外政策制定了新方向，对南部和北部展开了一系列入侵。

扩张主义政策引起了邻国的敌意，但也让本都王国控制了几座经济和战略地位重要的希腊城邦。因此，本都王国获得了希腊化领土的特征：一方面，它融合了与宫廷密切相关的希腊城市，国王成为这些城市的保护者和施恩者（恩人）；另一方面，它把保留了各自习俗和习惯的非希腊人口置于王室权力之下。

尽管存在外部威胁，本都王国肥沃的土地和宝贵的自然资源有利于其发展和稳定，直至被称为米特里达梯大帝（Mithridate le Grand）的米特里达梯六世

（Mithridate Ⅵ Eupator Dionysos）决定扩大王国疆域，而这与罗马的利益背道而驰。这项举措引起了长时间的冲突，即米特里达梯战争（公元前 88 年—公元前 63 年），最终导致本都王国的彻底消失。

帕提亚王国

与比提尼亚一样，位于里海东南岸的帕提亚（Parthie），在被亚历山大征服前只是波斯帝国的一个行省。征服者亚历山大死后，根据继业者们达成的协议，帕提亚在他们对抗结束后将被分割和再分配。公元前 310 年，塞琉古王朝创始人塞琉古一世对帕提亚东部边境展开入侵行动，并最终将其并入帝国版图。

哈特拉——帕提亚的国都

哈特拉（Hatra），公元前 247 年—公元前 226 年为帕提亚的国都。这是一座希腊化风格的神庙遗址，呈现了帕提亚建筑的典型风格元素。

帕提亚与中国："丝绸之路"的开端

中国西南地区贸易路线的建立，只在公元前 **2** 世纪以后的汉代被提及。它的开辟建立在联盟的基础上，并把汉武帝的使者带到东方希腊化王国的大门前。

引起汉武帝关注的很可能是马匹，他意识到西方"蛮族"的军事实力得益于其强壮的坐骑，而中原马匹既速度慢又不适合战争。汉武帝派遣一支探险队发现了中亚肥沃的平原和高大的马匹，他们翻越高山、穿越沙漠，来到了巴克特里亚、粟特、波斯和迦勒底（Chaldée）。朝廷特使张骞很可能到达过巴克特里亚，直至帕提亚边境。据说，在公元前2世纪，张骞曾与帕提亚国王米特里达梯二世交谈过。在古代，丝绸是一种神秘的奢侈品，对于自古就生产丝绸的中国而言则是例外。首先，"丝绸之路"连接到了安条克。中世纪时，"海上丝绸之路"抵达了拜占庭，在那里的威尼斯舰队正蓄势待发。通过陆路建立的"丝绸之路"横跨叙利亚、小亚细亚和高加索地区，商业定居点在乌兹别克平原的城市发展起来。除了希瓦（Khiva）、撒马尔罕和布哈拉的马匹之外，中国（汉代）还进口黄金、白银、宝石、染料、水晶、香氛、织物，出口丝绸、毛皮、香辛料、青铜、玉石、瓷器、墨、漆器和锻铁制品。

插图 敦煌附近莫高窟的壁画，描绘了张骞西行途中的见闻。

希腊–巴克特里亚艺术

金质牌饰，描绘了"巴克特里亚的阿佛洛狄忒"的形象。灵感来自希腊，其特点是增加了印度风格的元素。现藏于喀布尔阿富汗国家博物馆。

从那时起，帕提亚听从塞琉古君主直接任命的战略家或军事指挥的命令，保留了古代波斯行政管理的总督头衔和职能。此外，由于帕提亚远离叙利亚的地中海沿岸，即塞琉古王朝的国都和核心，因此帕提亚总督享有较高级别的独立性。

塞琉古王朝内部的冲突改变了帕提亚的命运。公元前246年，安条克二世去世，极具争议的继承权问题触发了新的战争。托勒密三世趁机攻打塞琉古王朝，夺取了安条克。帕提亚总督安德拉格拉斯（Andragoras）利用塞琉古王朝的不确定性，突如其来地宣布该行省独立。

　　安德拉格拉斯掌权的时间非常短暂。公元前238年，来自里海东南方的一支游牧民族帕尼斯人（Parnes），在阿尔沙克（Arsace）和提里达底（Tiridate）两兄弟的带领下侵占了帕提亚北方一半的领土。这支游牧民族的首领就成为阿萨希德王朝（Arsacides）的第一位王，史称阿尔沙克一世（Arsace Ier）。帕尼斯人继续向南部扩张，于公元前238年占领了昔日波斯帝国的全部领土。

　　公元前230年—公元前227年，安条克二世的继承人塞琉古二世曾试图夺回这片领土。然而，塞琉古二世面临多条战线的冲突以及篡位者安条克·希拉克斯（Antiochos

Hiérax）的威胁性存在——利用美索不达米亚的小亚细亚地处偏远而要求统治该地区——塞琉古二世最终未能成功。在塞琉古军队的压力下撤退的帕提亚人，重新占领了土地，并再次宣告王国独立。

公元前 187 年，安条克三世登上了塞琉古王朝的宝座，促使阿萨希德王朝的历史掀开了新的一页。自公元前 211 年由阿尔沙克二世（Arsace Ⅱ）统治以来，帕提亚人无法阻止安条克三世的入侵，最终不得不对其称臣。至此，帕提亚王国成为塞琉古王朝的附属王国。

虽然失去了独立，帕提亚人依然成功地让塞琉古王朝承认了他们的王国，尽管处于附庸地位。此外，安条克三世对抗罗马共和国（公元前 188 年）的失败，使帕提亚重新获得了独立。阿尔沙克二世的继任者弗里阿帕提乌斯（Phriapatios，公元前 191 年—公元前 176 年在位）与弗拉特斯一世（Phraate Ⅰer，公元前 176 年—公元前 171 年在位）统治期间，不必再担心日益衰落的塞琉古王朝。

这种有利于阿萨希德王朝的条件促使他们向东扩展王国，从而引发了与邻国巴克特里亚（Bactriane）的冲突。这种扩张或许发生于弗拉特斯一世在位期间，但他的兄弟与继承人米特里达梯一世（Mithridate Ⅰer，公元前 171 年—公元前 138 年在位）却展开了一系列引人注目的军事行动。

帕提亚的米特里达梯一世（Mithridate Ⅰer de Parthie）是帕提亚的伟大征服者，这位英雄常被与波斯的居鲁士大帝（居鲁士二世）和亚历山大大帝相提并论。米特里达梯一世无所畏惧而富有决断力，成功入侵了米底、美索不达米亚和波斯，把帕提亚王国的疆域拓展到印度河畔；他还控制了亚洲的重要贸易通道，如当时中国人正在建设的"丝绸之路"。

至于塞琉古王朝，他们最后尝试了几次夺回帕提亚，如德米特里二世（Démé-trios Ⅱ Nikator）在东部的战役（公元前 140 年），以及安条克七世（Antiochos Ⅶ Évergète）更为激烈的战役，均以失败告终。随着塞琉古王朝的衰落，帕提亚王国成为新的亚洲强国和古代波斯帝国的继承者。对罗马而言，帕提亚王国是个棘手的邻国，这两大强国在整个帝国期间展开了激烈的斗争。

希腊-巴克特里亚王国

亚历山大的征服行动与希腊主义的传播并行，一直延伸到古代波斯帝国最偏远的地区。马其顿军队抵达印度的大门，皇帝（亚历山大）在那里设立了最后的边界。尽管亚历山大的权力建立在与当地国王结盟和使其成为封臣的基础上，但在印度次大陆西部，希腊人与当地居民之间产生了令人惊讶的文化融合。这种演变催生了一种新的文化，在希腊文化的基础上融入了大量当地传统。

在希腊化的大部分时间里，亚历山大帝国最东端的领土，如巴克特里亚、粟特（Sogdiane）和印度河流域，都处于塞琉古王朝的统治之下。因此，东部行省的命运在很长时间里不可避免地与地中海沿岸的政治变动联系到一起，地中海是希腊化继业者及其继承人和后裔们冲突不断的场所。

公元前245年—公元前241年，第三次叙利亚战争造成的危机让形势发生了巨变。托勒密三世的军队对塞琉古王朝的首都（安条克）的军事占领，造成了很大的政治不确定性。塞琉古帝国东部地区的臣民可能认为他们的君主彻底丧失了权力，使得帝国中央与周边的关系变得脆弱。在安德戈拉斯（Andragoras）的叛乱和帕尼斯人的入侵后，帕提亚王国宣告独立，这是巨变的第一个表现。帕提亚王国的独立给塞琉古帝国广大的东部地区带来深刻影响，并孤立了这些领土。从此，塞琉古帝国东部地区与地中海的中央权力隔绝，也因此脱离了马其顿君主的统治——自亚历山大时期以来，这些东部居民就视其为领主。

与塞琉古王朝国王的决裂也不可避免地发生了。公元前255年左右，前巴克特里亚、粟特、马尔吉亚纳（Margiane）总督和行政管理狄奥多特（Diodote）宣布希腊-巴克特里亚王国部分独立。狄奥多特是王国的第一代国王，以狄奥多特一世（Diodote Ier）之名统治。但是，塞琉古王朝国王塞琉古二世展开了一场战争，重新控制了叛乱地区。为了对抗阿萨希德王朝统治的帕提亚王国，塞琉古二世与希腊-巴克特里亚王国联盟，这个契约意味着对狄奥多特一世在巴克特里亚建立的这一新文化和政治身份的默认。

与在文化上深受波斯传统影响的帕提亚王国不同，希腊-巴克特里亚王国深受希腊文化的影响。在广大的希腊-巴克特里亚王国，当地居民和人口众多的城市分

布在这片肥沃而富饶的土地上，并对曾经的征服者马其顿带来的文化产生了惊人的依恋。这种倾向不仅有助于与塞琉古王朝的亲近与和解，还诞生了一种强大的、有活力的融合文化。

狄奥多特二世（Diodote Ⅱ，公元前 252 年—公元前 223 年）通过与帕提亚王国结成军事联盟，击退了塞琉古王朝重新征服领土的企图，巩固了希腊-巴克特里亚王国的独立。但是，粟特总督欧希德摩斯一世（Euthydème Ⅰer）暗杀了狄奥多特二世并夺取王权，建立了自己的王朝，即欧希德摩斯王朝。新君主欧希德摩斯一世在北方和南方采取了一系列军事行动，吞并了粟特，扩大了希腊-巴克特里亚王国的版图。为确立对中亚部分地区的控制，欧希德摩斯一世与帕

提亚王国展开作战。公元前 200 年左右，欧希德摩斯一世之子德米特里一世（Démétrios Ier）继承王位后，开始直面安条克三世的野心。

　　塞琉古国王为恢复王朝的荣耀和在该地区的权威，进行了一次东征。德米特里一世抵抗住了凶猛的攻击，使得安条克三世不得不正式承认希腊-巴克特里亚王国。尽管塞琉古王朝仍视希腊-巴克特里亚王国为盟友和附庸，但因王国远离塞琉古王朝，该王国在德米特里一世之后的君主们在位期间都享有完全的自由。

　　德米特里二世（Démétrios II）死后（约公元前 150 年），希腊-巴克特里亚王国分裂为几个较小的政权，他们长期保留着特定的文化，即希腊和印度传统的惊人融合。

巴克特里亚封臣

　　巴克特里亚居民对西方权力中心的臣服可以追溯到波斯帝国时代。来自波斯波利斯宫殿安帕达纳殿（Apadana）楼梯的浅浮雕细节图，描绘了巴克特里亚封臣向阿契美尼德王朝国王上贡。

档案：帕加马国王

公元前 2 世纪，帕加马是地中海沿岸最繁华的城市之一。帕加马神话般的图书馆和著名的宙斯祭坛，使其成为希腊化文化的伟大中心之一。

在古代印欧语中，帕加马意为高处。帕加马城建造于宽阔的海角之上，俯瞰凯科斯河谷（la rivière Caïque）肥沃的平原。公元前 8 世纪，帕加马城已有人居住；一座带有天然防御工事的卫城位于距离伊奥里亚海岸 25 公里的高地。

继业者利西马科斯与塞琉古在小亚细亚展开争夺后，帕加马要塞成为独立的阿塔利德王朝（Attalides）的首都，而该王朝繁荣了一个半世纪（公元前 283 年—

帕加马：坚不可摧的堡垒

在德国建筑师和考古学家卡尔·赫曼（Carl Humann）的倡议下，于1878—1886年对帕加马卫城进行了发掘。卡尔·赫曼十几年前就参观过该遗址，并劝说柏林博物馆（今柏林帕加马博物馆）古代雕塑部主任亚历山大·孔兹（Alexander Conze）参与他的发掘计划。他们在山顶发现了王宫和军火库，以及曾用于建造狄俄尼索斯和雅典娜神庙的四个地基，令人惊叹的宙斯祭台和大量民用建筑如狄俄尼索斯剧院、集市。

插图 左图，柏林帕加马博物馆的宙斯祭台。上图，帕加马卫城复原图。

公元前 133 年）。由于其财富、联盟和君主的英明治理，这座城在鼎盛时期成为小亚细亚最强国家跳动的心脏，它的文化影响力可与亚历山大里亚媲美。

菲莱泰罗斯——马其顿人阿塔罗斯与来自帕夫拉戈尼亚（Paphlagonie，黑海南岸的一个地区）的女人之子，被利西马科斯任命为帕加马城的行政官，并受委托看守藏在这座坚不可摧的堡垒内的数不清的珍宝。

但是，公元前 281 年，菲莱泰罗斯宣布对这座城拥有主权。菲莱泰罗斯统治的领土虽然只是凯科斯河谷内一片狭长的地带，但是拥有巨额财富的他雇用一

首位国王

阿塔罗斯一世是帕加马第一位使用国王头衔的统治者，在位时与塞琉古人和加拉太人作战，与罗马结盟对抗马其顿。

插图 印有阿塔罗斯一世肖像的4德拉马克银币。

支军队击退了加拉太人的入侵（公元前 278 年—公元前 276 年）。临终前，菲莱泰罗斯将权力传给了侄子欧迈尼斯一世（公元前 263 年—公元前 241 年在位），后者通过与加拉太人和塞琉古的战争扩大了王国的疆域。

阿塔罗斯一世："救主国王"

阿塔罗斯一世是欧迈尼斯一世的嫡表弟和养子，他继承了欧迈尼斯一世的衣钵后继续与塞琉古王朝作战，与罗马结盟，并在对抗加拉太人时取得了决定性胜利。这场胜利带来了巨大的影响，阿塔罗斯一世不仅终结了"蛮族"人的肆意入侵，提高了帕加马的威望，还把王国的边界拓展到了托罗斯（Taurus）河畔。在阿塔罗斯一世漫长的统治（公元前 241 年—公元前 197 年）期间，他称王并冠以"救主国王"（Basileus Sôter）的称谓，增加了帕加马的显赫和强大。然而，帕加马城达到鼎盛却是在阿塔罗斯一世之子欧迈尼斯二世统治时。

为了抵抗塞琉古王朝在爱琴海一带扩张的意图，欧迈尼斯二世与罗马结盟——罗马军队由当时最伟大的战略家"阿非利加征服者"西庇阿指挥，在公元前 189 年的马格尼西亚战役中打败了塞琉古王朝的安条克三世。这场战役结束后，帕加马国王把势力扩展到了小亚细亚原属塞琉古王朝的领地，王国的疆域由爱琴海沿岸向西延伸到比提尼亚，北接加拉太，东临卡帕多西亚，南到托罗斯河流域，还包括埃伊纳岛（Égine）和安德洛斯岛（Andros）。

为了庆祝国力强盛和军事胜利，欧迈尼斯二世命人修建了许多宏伟的建筑，包括宏大的宙斯祭台，巨大的图书馆，雅典娜、狄俄尼索斯和德墨忒耳的神庙，宫殿、柱廊，还在山坡上修建了一座宏伟的剧院。这些宏伟的建筑为城市带来了赫赫声名，凭借其雕塑流派、吸引无数学者和思想家的图书馆，以及工匠们的结构，使帕加马成为小亚细亚最辉煌的都市。

公元前 2 世纪，奢华的艺术赞助人阿塔罗斯三世下令在雅典集市建造一座门廊，并以他自己的名字命名，以显示他的财富。相比于武器，欧迈尼斯二世的继承人对文学和艺术更为热爱。面对昔日盟友罗马强大的势力和野心，阿塔罗斯三世无力保护王国的独立。临死前，阿塔罗斯三世出乎意料地把整个王国的领土赠与罗马共

雅典娜的斗争　宙斯祭台的浅浮雕，描绘了宙斯之女雅典娜女神抓住巨人阿尔库俄纽斯（Alcyonée）的头发并将他和他的母亲盖亚（Gaïa）分开。

和国了。

阿里斯东尼克（Aristonicos）——欧迈尼斯二世的私生子，反对这个奇怪的赠与举动并违抗了这份遗嘱。阿里斯东尼克似乎有独特的政治主张，这在当时看来甚至是革命性的。阿里斯东尼克以欧迈尼斯三世（Eumène Ⅲ）之名宣布自己为国王，将投靠他的奴隶武装起来，并向他们许下建立一座"太阳城"的乌托邦式承诺。正如预料的那样，驻扎在该地区的强大罗马军团在邻近城市的支持下镇压了这场叛乱，这些城市更愿意接受罗马的管辖而不是帕加马。

因此，帕加马成为罗马在东方的第一个行省。独立的帕加马王国的终结，标志着小亚细亚新政治时代的开始——这个时代以罗马的霸权为特征。

罗马统治下的帕加马

在罗马的统治下，帕加马城持续繁荣：人口增加了，卫城脚下建立起一个个社区，贸易得到发展，新的建筑也矗立起来（如大体育馆、阿斯克勒皮翁［Asclépéion］和塞拉皮斯神庙）。在帝国时代，帕加马城及其大型卫城的居民将近30万人。

这座城市的居民中最著名的当属盖伦（Galien），他丰富的著作对西方医学产生了持久影响。拥有20万册藏书的大图书馆，可与雅典和亚历山大里亚相媲美，却没有留下任何痕迹。除了"羊皮纸"（parchemin，拉丁语，意为在帕加马准备的皮）一词，它提醒我们正是在帕加马这座城市发明和传播了这种书写载体。公元前1世纪，马克·安东尼把大量手稿带到亚历山大里亚，作为献给克利奥帕特拉的礼物，以补偿在与罗马军队的冲突中消失的藏品。

帕加马雕塑流派最具代表性和最宏伟的作品无疑是不朽的宙斯祭坛。宙斯祭坛毁于拜占庭时代，20世纪初在柏林帕加马博物馆以令人惊叹的方式进行重建——德国考古学家卡尔·赫曼（Carl Humann）是帕加马遗址考古发掘工作的负责人，他把这些气势恢宏的废墟运往了柏林。宙斯祭坛见证了帕加马城艺术的独特和辉煌。

装饰祭坛的巨大的檐壁上描绘了巨人与诸神战斗的场景，即作为秩序的捍卫者——奥林匹斯（Olympe）诸神与引起无序和混乱的巨人们——盖亚（Gaïa）的儿子们之间的神话战斗。这幅作品象征了帕加马王国阿塔利德王朝为捍卫希腊化自由和文化而与"野蛮人"进行的斗争，而"野蛮人"就如同神话中的巨人一般威胁着要摧毁文明。在建筑内部，另一则神话故事在上演——忒勒福斯（Télèphe）的故事，传说他是建立帕加马的英雄。

在古典时期，希腊艺术家雕刻了很多宏伟的浅浮雕，描绘了自由的捍卫者雅典人与野蛮的牛头人和亚马逊女战士英勇作战的场景。在帕加马，这种描绘更具有宇宙性和更宏大的特点，展现出那个时代典型的宏伟风格。这些令人印象深刻的场景，富于召唤的力量和非凡的悲怆感，是希腊艺术的最佳范例。

宙斯祭坛：希腊艺术的杰作

　　宙斯祭坛是帕加马雕塑艺术的一颗明珠，上面装饰着浅浮雕。这些浅浮雕描绘了希腊神话中最著名的对抗，即代表文明的诸神与代表"蛮族"的巨人之间的战斗。这个寓言般的作品让人想起帕加马这座城市对希腊世界的贡献。

柱廊 整个建筑被爱奥尼亚柱包围，包括祭坛两边、后面和主楼梯上方。

巨大的檐口 檐壁上方的平台上有一个凸出的檐口，上有锯齿形装饰，它将雕塑隔离开来，从而发挥出它们的戏剧性张力。

诸神与巨人的战斗 祭坛正面的两个檐壁上描绘了诸神与巨人的战斗，这是建筑物雕塑的主要主题，也是希腊文化重要的神话场景。

附　录

蹲着的阿佛洛狄忒（左图）　公元前3世纪希腊雕塑作品，比提尼亚雕塑家代达沙斯（Doidalsas）所作。罗马复制品来自蒂沃利（Tivoli）附近的哈德良别墅，现藏于罗马国家博物馆-戴克里先浴场。

亚历山大帝国与希腊化王国

盖塔人

伊利里亚

色雷斯

好客海（黑海）

萨尔玛提亚人

马其顿

佩拉

伊庇鲁斯

色萨利

特洛伊

格拉尼库斯河

拜占庭

赫拉克勒

希诺普

帕希斯

特拉布宗

科尔基斯

喀罗尼亚战役

帕加马

吕底亚

戈迪翁

安卡拉

弗里吉亚

哈里斯河

亚美尼亚

底比斯

科林斯

雅典

萨第斯

艾菲索斯

卡帕多西亚

阿米达

斯巴达

米利都

卡里亚

哈利卡纳苏斯

塔尔苏斯

伊苏斯战役

埃德萨

尼基弗里翁

马蒂亚纳

罗得岛

奇里乞亚

安条克

亚历山大勒塔（伊斯肯特伦）

高加米拉战役

阿贝勒斯

克里特岛

叙利亚

尼基弗里翁

美索不达米亚

帕尔米拉

杜拉-欧罗普斯

塞浦路斯

比布鲁斯

西顿

大马士革

奥比斯

巴比伦

亚述

地中海

帕拉伊托尼翁
（墨萨-马特鲁）

亚历山大里亚

推罗

加沙

耶路撒冷

佩特拉

幼发拉底河

锡瓦

赫利奥波利斯

孟斐斯

利比亚

埃及

阿拉伯半岛

尼罗河

底比斯

红海

塞伊尼

继业者王国

- 亚历山大建立的城市
- 其他城市
- 行省边界
- 亚历山大帝国最大扩张边界
- 战役

继业者王国
- 卡山德王国
- 利西马科斯王国
- 托勒密王国
- 塞琉古帝国
- 伊庇鲁斯

卡尼亚海
（里海）

斯基泰人

马萨格泰人

雅克萨特河（锡尔河）

咸海

奥克索斯河

粟特
布哈拉
马拉坎达
（撒马尔罕）
基什

亚历山大-埃斯哈塔
（苦盏）

巴克特里亚

亚历山大-马尔吉亚纳

亚历山大-奥克索斯

马尔吉亚纳
亚历山大-帕提亚

巴克特雷

苏西亚

扎德拉卡塔
赫卡通皮洛斯

希尔卡尼亚

帕提亚

阿利亚

亚历山大-阿利亚

犍陀罗

亚历山大-高加索

卡布

塔克西拉

布西发拉
尼西亚

旁遮普

希达斯皮斯河战役

亚历山大-希发西斯

拉格
（拉伊）

米底

阿斯帕达纳
（伊斯法罕）

索格迪亚纳

亚历山大-普洛夫达西亚
（法拉赫）

印度河

希达斯皮斯河

阿塞西尼斯河（钱纳布河）

希发西斯河

坦那

西亚纳

波斯

帕萨尔加德

亚历山大-苏西亚纳

德兰吉亚纳

阿拉科西亚

亚历山大-阿拉科西亚

亚历山大-印度

斯湾

波斯波利斯

卡尔马尼亚

阿拉科西亚

印度

萨塔吉迪亚

亚历山大-卡尔马尼亚

格德罗西亚

普拉

霍尔木兹

亚历山大大城

亚历山大-兰巴西亚

帕塔拉

印度河河口

阿拉伯海

225

对照年表

亚历山大帝国：从腓力二世到希腊化王国末期

公元前 382 年—公元前 336 年	公元前 336 年—公元前 265 年	公元前 265 年—公元前 180 年
马其顿的扩张 • 通过巧妙的军事威胁和外交联盟，腓力二世开拓和巩固了王国的边界 • 喀罗尼亚战役 • 腓力二世被任命为科林斯同盟的盟主 • 亚历山大继承了马其顿王位 **文化成就：** • 亚里士多德在雅典创办学园 • 普拉克希特列斯（Praxitèle）创作了一些古典希腊雕塑的杰作	**亚历山大帝国的形成和解体** • 马其顿大军渡过赫勒斯滂海峡，在格拉尼库斯河战役中大败波斯人 • 亚历山大征服埃及，在伊苏战役和高加米拉战役中击败大流士三世 • 亚历山大帝国延伸到印度 • 亚历山大驾崩，继业者们为分割帝国发动战争	**希腊化王国** • 第一次马其顿战争和第二次马其顿战争 • 在西皮洛斯山（Sipyle）附近的马格尼西亚战役中，安条克大帝（安条克三世）被西庇阿打败 • 欧迈尼斯二世建立帕加马王国 • 阿塔罗斯一世的统治 **文化成就：** • 阿基米德发现重心和杠杆理论

意大利与地中海西岸

公元前 382 年—公元前 336 年	公元前 336 年—公元前 265 年	公元前 265 年—公元前 180 年
意大利： • 拉丁战争：罗马打败拉丁联盟，将其城市并入共和国 **迦太基：** • 迦太基支配整个地中海西岸 • 为了争夺西西里岛的控制权，锡拉库萨（Syracuse）的僭主们展开了数场战争 **伊比利亚半岛：** • 历史学家库麦的尤福罗（Euphore de Kymè）描述了塔尔提苏斯（Tartessos）丰富的锡矿	**意大利：** • 罗马共和国与意大利部族之间的萨姆尼特战争 • 伊特鲁里亚人与希腊人和其他意大利民族结盟，共同对抗日益强大的罗马 • 埃特鲁里亚联盟被罗马打败，其城市并入罗马共和国 **伊比利亚半岛：** • 迦太基将军哈米尔卡·巴卡（Hamilcar Barca）在腓尼基古老的殖民地加地尔（Gadir，今加的斯）登陆 **文化成就：** • 建造阿皮亚水道（Aqua Appia），这是罗马第一条引水渠	**罗马与迦太基：** • 第一次布匿战争和第二次布匿战争 • 汉尼拔率军翻越了阿尔卑斯山脉，给意大利和罗马造成威胁 • 汉尼拔在提契诺河（Tessin，德语，泰辛河）、特雷比亚河（Trébie）、特拉西梅诺湖（Trasimène）和坎尼（Cannes）战役中打败了罗马 • 在扎马（Zama）战役中，汉尼拔被"阿非利加征服者"西庇阿打败。第二次布匿战争结束 **伊比利亚半岛：** • 马库斯·波西乌斯·加图（Marcus Porcius Caton）率军进入西班牙，平息了叛乱 • 图尔德塔尼亚人（Turdétans，贝提卡人）叛乱，在伊利图尔吉（Iliturgi）遭到镇压

其他文明

公元前 390 年—公元前 332 年	公元前 330 年—公元前 265 年	公元前 265 年—公元前 180 年
欧洲： • 凯尔特人入侵，直逼罗马 **埃及：** • 下埃及后期，第二十六到第三十王朝 • 加强与希腊的联系，以便抗击共同的敌人波斯 • 第二次被波斯统治 **亚洲：** • 中国战国时期，齐国和魏国展开桂陵之战	**欧洲：** • 拉泰纳文化第一阶段晚期（La Tène B） **亚洲：** • 中国第一位伟大的诗人屈原去世 • 旃陀罗笈多建立孔雀王朝，与塞琉古王朝缔造者塞琉古一世签订了一项条约 • 阿育王在位时期，他是孔雀王朝第三位皇帝，被视作印度的建立者	**欧洲：** • 拉泰纳文化第二阶段（La Tène C） • 铁犁铧广泛使用 **埃及：** • 修建亚历山大灯塔 **亚洲：** • 印度孔雀王朝灭亡，巽伽王朝（Shunga）取而代之 • 秦国征服齐国，将中国统一在一个新的王朝之下 • 中国（秦始皇）开始修建万里长城

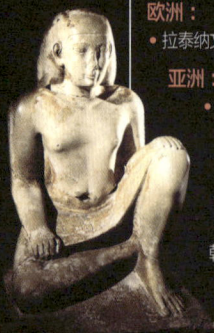

公元前 180 年—公元前 120 年

马其顿灭亡
- 第三次马其顿战争；希腊化时期的马其顿王国和安提柯王朝终结
- 皮德纳战役后，罗马军团对战马其顿方阵展现了其优越性
- 犹大·马加比（Judas Maccabée）重建耶路撒冷神庙

文化成就：
- 在帕加马，欧迈尼斯二世修建宙斯祭坛

公元前 120 年—公元前 63 年

罗马的霸权
- 本都的米特里达梯六世的统治，在数次米特里达梯战争中与罗马对抗
- 托勒密王朝最后的统治者。托勒密王朝随着克利奥帕特拉七世一起灭亡
- 塞琉古帝国分崩离析

文化成就：
- 玻璃吹制技术发明于叙利亚-巴勒斯坦海岸，并在整个地中海地区得到传播

公元前 180 年—公元前 120 年

罗马与迦太基：
- 第三次布匿战争；迦太基被洗劫一空
- 西西里岛爆发第一次农奴战争
- 罗马奴隶大起义

伊比利亚半岛：
- 围攻努曼西亚（Numance）；卢西塔尼亚战争和维利亚托（Viriathe）的反抗

文化成就：
- 修建马西亚（Aqua Marcia）水渠，这是为罗马提供水源的最长水道

公元前 120 年—公元前 40 年

罗马：
- 形成第一个三头政治。尤里乌斯·恺撒渡过卢比孔河（Rubicon）成为罗马共和国的独裁者
- 恺撒与庞培之间爆发战争，第二次共和国内战爆发
- 恺撒被任命为最高主教（Pontifex Maximus）
- 屋大维成为第一任罗马皇帝，被称为奥古斯都

文化成就：
- 西塞罗写作《反喀提林》（les Catilinaires）

公元前 180 年—公元前 120 年

欧洲：
- 条顿人（Teutons）和辛布里人（Cimbres）到达多瑙河畔和高卢地区
- 帕提亚人的扩张使得密特拉（Mithra）崇拜得以传播
- 波利比乌斯撰写《通史》

亚洲：
- 西突厥斯坦的月氏在巴克特里亚定居，并结束了塞琉古王朝在旁遮普的霸权地位
- 汉武帝开通"丝绸之路"

公元前 120 年—公元前 60 年

欧洲：
- 拉泰纳文化第三阶段（La Tène D），奥皮杜姆[12]（oppida）数量增多

亚洲：
- 古老的犍陀罗王国遭到草原游牧民族入侵
- 在中国，匈奴部落向汉朝称臣

美洲：
- 北美洲阿德纳（Adena）文化达到顶点
- 帕拉卡斯（Parcas-Nécropolis）文化第一发展阶段（秘鲁皮斯科）延伸到纳斯卡（Nazca）和伊卡（Ica）地区

[12] 奥皮杜姆，铁器时代大型设防定居点。　——译者注

王朝列表

塞琉古王朝君主

塞琉古一世（胜利者）	公元前305年—公元前281年
安条克一世（救主）	公元前281年—公元前261年
安条克二世（神）	公元前261年—公元前246年
塞琉古二世（凯旋者）	公元前246年—公元前225年
塞琉古三世（救主，克劳诺斯）	公元前225年—公元前223年
安条克三世（大帝）	公元前223年—公元前187年
塞琉古四世（笃爱父亲者）	公元前187年—公元前175年
安条克四世（神显者）	公元前175年—公元前164年
安条克五世（父贵者）	公元前164年—公元前162年
德米特里一世（救主）	公元前162年—公元前150年
亚历山大·巴拉斯	公元前150年—公元前145年
德米特里二世（胜利者）	公元前145年—公元前138年
安条克六世（酒神）	公元前145年—公元前140年?
安条克七世（施惠者）	公元前138年—公元前129年
德米特里二世（胜利者）	公元前129年—公元前126年
塞琉古五世（笃爱母亲者）	公元前126年—公元前125年
安条克八世（狮鹫）	公元前125年—公元前96年
安条克九世（爱父者）	公元前114年—公元前96年
塞琉古六世（神显者）	公元前96年—公元前95年
安条克十一世（神显者）	公元前95年—公元前92年
德米特里三世（幸福者）	公元前95年—公元前88年
安条克十世（恭顺者）	公元前95年—公元前83年
腓力一世（笃爱兄弟者）	公元前95年—公元前83年
安条克十二世（酒神）	公元前87年—公元前84年
安条克十三世（亚洲人）	公元前69年—公元前64年
塞琉古七世（鱼贩）	公元前69年—公元前63年
腓力二世（罗马之友）	公元前65年—公元前63年

托勒密王朝君主

托勒密一世（救主）	公元前302年—公元前285年
托勒密二世（爱手足者）	公元前285年—公元前246年
托勒密三世（施惠者）	公元前246年—公元前221年
托勒密四世（爱父者）	公元前221年—公元前205年
托勒密五世（神显者）	公元前205年—公元前180年
托勒密六世（爱母者）	公元前180年—公元前145年
托勒密七世（爱父者）	公元前145年
托勒密八世（施惠者）	公元前170年—公元前116年
托勒密九世（救主）	公元前116年—公元前107年
托勒密十世·亚历山大一世	公元前107年—公元前88年
托勒密九世（救主二世，复辟）	公元前88年—公元前80年
托勒密十一世·亚历山大二世	公元前80年
托勒密十二世（酒神）	公元前80年—公元前51年
克利奥帕特拉七世（爱父者）	公元前51年—公元前30年
托勒密十三世（酒神二世）	公元前51年—公元前47年
托勒密十四世（爱父者）	公元前47年—公元前44年
托勒密十五世（恺撒）	公元前44年—公元前30年

安提柯王朝君主

安提柯一世（独眼）	公元前306年—公元前301年
德米特里一世（攻城者）	公元前294年—公元前288年
利西马科斯	公元前288年—公元前281年
皮洛士	公元前288年—公元前285年
托勒密·克劳诺斯	公元前281年—公元前279年
麦莱亚各	公元前279年
安提帕特二世	公元前279年
索斯提尼斯	公元前279年—公元前277年
安提柯二世（戈努斯人）	公元前277年—公元前274年
皮洛士	公元前274年—公元前272年
安提柯二世（戈努斯人）	公元前272年—公元前239年
德米特里二世（艾托利克斯）	公元前239年—公元前229年
安提柯三世（许诺者）	公元前229年—公元前221年
腓力五世	公元前221年—公元前179年
珀尔修斯	公元前179年—公元前168年

帕提亚阿萨希德王朝君主

阿尔沙克大帝	公元前250年—公元前248年
提里达底一世	公元前248年—公元前217年
阿尔沙克二世	公元前211年—公元前191年
弗里阿帕提乌斯	公元前191年—公元前176年
弗拉特斯一世	公元前176年—公元前171年
米特里达梯一世	公元前171年—公元前138年
弗拉特斯二世／阿尔沙克六世	公元前138年—公元前127年
阿尔沙克·尼基弗鲁斯	公元前126年—公元前122年
阿尔塔班一世／阿尔沙克六世	公元前127年—公元前124年

阿尔沙克·底卡伊乌斯·费勒莱纳	公元前122年—公元前121年
米特里达梯二世/阿尔沙克三世	公元前123年—公元前88年
戈塔泽斯一世/阿尔沙克九世	公元前95年—公元前88年
莫希斯莱斯	公元前88年—公元前80年
奥罗德 一世/阿尔沙克十世	公元前90年—公元前80年
萨纳特洛塞斯一世	公元前93年—公元前70年
弗拉特斯三世	公元前70年—公元前58年
米特里达梯三世	公元前58年—公元前54年
奥罗德二世	公元前54年—公元前38年
帕格鲁斯一世	公元前41年—公元前38年
弗拉特斯四世	公元前38年—公元前2年
提里达底二世	公元前30年—公元前26年
弗拉塔塞斯	公元前2年—公元4年
奥罗德三世	公元4年—公元8年
阿尔塔班二世（第一次统治）	公元10年—公元40年
提里达底三世	公元35年—公元36年
阿尔塔班二世（第二次统治）	公元36年—公元40年
齐纳慕斯	公元39年—公元40年
阿尔塔班二世（第三次统治）	公元40年—公元42年
弗拉特斯六世	公元35年
瓦尔塔内斯一世	公元40年—公元47年
格塔尔泽斯二世	公元40年—公元51年
沃诺内斯二世	公元51年
沃罗杰斯一世	公元51年—公元77年
萨纳巴莱斯	公元50年—公元65年
瓦尔塔内斯二世	公元40年—公元47年

比提尼亚君主

巴斯	公元前376年—公元前326年
芝普特斯一世	公元前327年—公元前280年
尼科美德一世	公元前280年—公元前255年
基阿埃拉斯	公元前255年—公元前228年
普鲁西阿斯一世	公元前228年—公元前182年
普鲁西阿斯二世（猎人）	公元前182年—公元前149年
尼科美德二世（神显者）	公元前149年—公元前127年
尼科美德三世（施惠者）	公元前127年—公元前94年
尼科美德四世（笃爱父亲者）	公元前94年—公元前74年

希腊-巴克特里亚王国君主

狄奥多特一世	公元前255年—公元前240年
狄奥多特二世	公元前240年—公元前230年
欧西德莫斯一世	公元前230年—公元前200年
德米特里一世	公元前200年—公元前180年
欧西德莫斯二世	公元前180年
安提马科斯一世	公元前180年—公元前165年
潘达雷昂一世	公元前190年—公元前180年
阿加托克利斯一世	公元前180年—公元前170年
阿波罗多特斯一世	公元前170年—公元前160年
安提马科斯二世（胜利者）	公元前160年—公元前155年
德米特里二世	公元前155年—公元前150年
米南德一世	公元前150年—公元前130年
欧克拉提德一世	公元前170年—公元前145年
柏拉图一世	公元前166年
欧克拉提德二世	公元前145年—公元前140年
赫利奥克勒斯	公元前140年—公元前130年

帕加马阿塔利德王朝君主

菲莱泰罗斯	公元前282年—公元前263年
欧迈尼斯一世	公元前263年—公元前241年
阿塔罗斯一世（救主）	公元前241年—公元前197年
欧迈尼斯二世	公元前197年—公元前160年
阿塔罗斯二世（笃爱兄长者）	公元前160年—公元前138年
阿塔罗斯三世	公元前133年—公元前128年
欧迈尼斯三世·阿里斯托尼克斯	公元前133年—公元前128年

本都王国君主

米特里达梯一世（建国者）	公元前302年—公元前266年
阿里奥巴赞	公元前266年—公元前258年
米特里达梯二世	公元前250年—公元前220年
米特里达梯三世	公元前220年—公元前184年
法纳斯一世	公元前183年—公元前170年
米特里达梯四世（笃爱父母者）	公元前170年—公元前150年
米特里达梯五世（施者）	公元前150年—公元前121年
米特里达梯六世（出身高贵者、酒神）	
	公元前120年—公元前63年

NATIONAL GEOGRAPHIC

图书在版编目（CIP）数据

亚历山大帝国 / 美国国家地理学会编著；袁姗姗译. -- 北京：现代出版社，2023.5

（美国国家地理全球史）

ISBN 978-7-5231-0247-3

Ⅰ.①亚… Ⅱ.①美… ②袁… Ⅲ.①马其顿王朝 - 历史 Ⅳ.①K134

中国国家版本馆CIP数据核字（2023）第045142号

版权登记号：01-2022-7053

© RBA Coleccionables, S. A. 2013

© Of this edition: Modern Press Co., Ltd.2023

NATIONAL GEOGRAPHIC及黄框标识，是美国国家地理学会官方商标，未经授权不得使用。

由北京久久梦城文化发展有限公司代理引进

亚历山大帝国（美国国家地理全球史）

编 著 者：美国国家地理学会

译　　　者：袁姗姗

策划编辑：吴良柱

责任编辑：张 霆 谢 惠

内文排版：北京锦创佳业文化传播有限公司

出版发行：现代出版社

通信地址：北京市安定门外安华里504 号

邮政编码：100011

电　　　话：010-64267325　64245264（兼传真）

网　　　址：www.1980xd.com

印　　　刷：固安兰星球彩色印刷有限公司

开 本：710mm*1000mm 1/16

印 张：14.5 字 数：220千

版 次：2023年5月第1版 印 次：2023年5月第1次印刷

书 号：ISBN 978-7-5231-0247-3

定 价：88.00元